Rudolf Stibill

Stimmen des Ungewissen

Rudolf Stibill

Stimmen des Ungewissen

Eine Jugend in Graz

Styria

Umschlag- und Titelzeichnung:
ANNA ROGLER-KAMMERER

Die Deutsche Bibliothek – CIP-Einheitsaufnahme

Stibill, Rudolf:
Stimmen des Ungewissen : eine Jugend in Graz / Rudolf Stibill. –
Graz ; Wien ; Köln : Verl. Styria, 1992
ISBN 3-222-12122-2

Printed in Austria
Satz und Druck: Druck- und Verlagshaus Styria, Graz
Bindung: Wiener Verlag, Himberg
ISBN 3-222-12122-2

Die Wachenden haben eine gemeinsame Welt,
die Schlafenden aber wenden sich jeder
seinem Schicksal zu.

HERAKLIT

1

Es ist ein Tag im Januar gewesen, ein Ostwindtag, ein Tag, so kalt, daß man glauben hat mögen, dem Zufrieren der Wasseroberflächen zusehen zu können, von Pfützen und Lachen, von der stehenden Breite des Flusses, von der immer neu von großen Schiffen durchfurchten des Kanals. Ich habe damals außerhalb der Stadt Rendsburg in einem kleinen Haus nah der Lotsenstation am Nord-Ostsee-Kanal gewohnt, von ihm nur durch eine Fahrstraße und einen Saumweg am unteren Rand der Böschung des Dammes, der sie trägt, getrennt. Und bin ich im Haus die enge Wendeltreppe hinuntergegangen, habe ich nach Westen hin auf nahezu gleicher Ebene den Spiegel der Eider gesehen, die weit mäandrierend und träge durch flaches Sand- und Moorland der Nordsee zufließt. Und habe ich dahin und dorthin geblickt, haben sich auch in mir an den Rändern des Bewußtseins Ahnungen der eigenen Vergangenheit zu Erinnerungen zu verfestigen begonnen.

Nach solchen Ostwindtagen mit ihrem blitzenden Messerklingenlicht und nach solchen Ostwindnächten des übermächtigen Orion ist die Eisdecke bald fest gewesen, tragfähig, so sicher, daß im ersten Winter damals sogar der Postbote auf Schlittschuhen seinem amtlichen Auftrag entsprechen hat dürfen und seine Briefe von der Eider aus über unseren Bootssteg an die Hintertür unseres Hauses gebracht hat. Da habe ich ebensoviel Vertrauen in die Festigkeit und Tragfähigkeit meiner Erinnerungen gesetzt und meine Lebensgeschichte zu schreiben beginnen wollen.

Ein anderer Tag im Januar ist es gewesen, da ist der Wind aus dem Südwesten gekommen und hat die Schnüre am Flaggenmast knattern und das Eis auf der Eider faulen gemacht. Der Briefträger ist nun in seinem gelben VW-Käfer auf der Straße gefahren. Der Wind hat die grauen Wolken am Boden hinschleifen lassen, die traurigen Menschen verzweifeln und die verzweifelnden stumpfsinnig werden, demjenigen aber, der sich gerade in die Wolldecke hat schlagen wollen, Stimmen zugetragen, fast unhörbare, sehr beunruhigende, tief in Zweifel treibende Stimmen, eindeutig Stimmen, jedoch Stimmen des Ungewissen.

An diesem Tag habe ich meinen Plan in Frage gestellt. Ich habe von meiner eigenen Lebensgeschichte Abstand genommen; ich habe sie erst einmal auf einen „Er“ übertragen:

„Er konnte nicht umhin, sich immer wieder zu wundern über die Stimmenvielfalt und Tiefgründigkeit des Ungewissen. Alles Gewisse war dagegen monoton und wenn überhaupt gründig, dann abgründig, nämlich banal, zu effektiv und affektiert zugleich in seiner eingebildeten Umrissenheit. So erhob sich in ihm sofort eine Schallschutzwand, wenn in seiner Umgebung ein Urteil ausgesprochen wurde, wie es zum allgemeinen Hausgebrauch gehört, indessen sein Gehör zu feinster Empfänglichkeit gedieh, wenn sich ein

Laut des Ungewissen erhob aus den faszinierenden Fremdnissen hinter allen vereinbarten Begriffen.“

Es ist der Südwestwind-, der Eisschmelztag gewesen, der mich damals gehindert hat, schlicht eine Autobiographie zu beginnen, deren Sinnzusammenhänge gereimt gewesen wären von Irrklängen zwischen den Erinnerungsabbrüchen des Bewußtseins, dem nur eine Scheinkontinuität zukommt gegenüber dem wahren Lebenskontinuum, dem Generalbaß des Lebens, der unbeirrbar weiterschreitet viele Oktaven tiefer unter der durchbrochenen Arbeit unserer Erinnerungsmelodien, viele Oktaven tiefer unter aller erdenklichen Hörbarkeit. Ohne diesen Strom aber, der mächtig dahinzieht, unbekümmert darum, ob ich wache oder schlafe, ohne diesen Strom einzubeziehen, das ist mir damals aufgegangen, hätte es keinen Sinn, noch eine Lebensgeschichte erzählen zu wollen. Ließ sich vielleicht doch etwas von ihm aus den Ritzen zwischen den Kontinuitäten des Wachbewußtseins vernehmen, hielte man nur die Leere lang genug still in sich in der Schwebe? Manchmal steht man doch auch nur so da zwischen zwei Wahrnehmungen oder zwischen zwei Gedanken – plötzlich verzaubert in ein Niemandsland? Wesensland? mit hängenden Händen zwischen zwei Realmarktangeboten der überaus gängigen Preislage, die der Qualität angemessen ist nach Zahl, Maß und Gewicht. Ich wollte mir meine Lebenszusammenhänge nicht von der Stange kaufen.

Es ist ein Tag im Oktober gewesen, ein Tag voll Wärme und ein Tag voll lauter Abend. Und als der Abend dieses Abendtags gekommen war, bin ich aus der Tür meines Hauses getreten und habe hinter dem jenseits des Waldgrundes fast horizontal nach Süden verlaufenden Parallelhügelzuges die Sonne sinken sehen; der Föhn hat das welke Weinlaub an den Holzlatten vor meinem alten Winzerhaus im Südburgenland leise rascheln gemacht. Die Wolken über der Sonne haben Goldränder gehabt; die Abstufungen der Rottöne von Lachsrot bis zu Altrosa, der Gegenfelder des Himmels von Apfelgrün bis zu Grauviolett weckten die Vielfalt der Stimmen des Ungewissen in mir. Eine der Stimmen habe ich wiedererkannt. Und ich bin an den Schrank gegangen und habe ein Buch herausgenommen und jenen Traum darin aufgeschlagen, den ich in jungen Jahren geträumt habe, und in ihm nun den Anfang meiner eigenen Lebensgeschichte gefunden.

Ein Traum

„Ich könnte dich fragen: Wie ist dir das Bad bekommen; oder wie sagte dir die Luft zu, wie das Wasser unserer Quellen und Seen; wie war das Haus um dich, das Land und die Liebe; waren dir die Erlebnisse wert oder gering. Aber ich weiß, nun bist du hinweggewandt in Zukunft, und alle die Fragen, die dich erreichen sollen, müssen von dort kommen, wohin du willst. Wären wir nicht hier, so sagte ich: eine Zeit ist um. Für dich aber wird es nun Abend. So setz dich nochmals zu uns und iß vom Hiesigen. Wisse uns aber auch danach um dich. Sonst wirst du fehlwissen."

Der's gesagt hatte, mit einer Stimme aus altem Gold gesagt, nahm den Jungen, der nun immer jünger zu werden schien, um die Schultern und führte ihn zu dem großen Tisch unter dem Vordach. Dort saßen andere Gestalten, alte und junge, und alle hatten ähnliche Blicke an sich. Es waren wohl Geschwister. Und keines schien des andern als eines anderen gewahr zu werden, so einbeschlossen lagen diesen Blicken alle Regungen des andern, so wenig standen sie abgekürzt um ein durch sie begrenztes Eigensein.

„Schon bedarf's der Sprache zwischen dir und uns; dies ist immer so, wenn die Fremdheit beginnt. Schon reichen wir in dich nicht mehr über. Bevor wir aber einander nicht mehr verständigen können, will ich dich noch gemahnen an all das, was du nun vorhast. Gut mußt du's wissen, dort bringt dich sonst nichts darauf, denn alles wird sich wie zufällig begeben –, und seltsam: du wirst die Zufälle dann einteilen in gute und schlechte, geradeso, als hättest nicht du selber alles vereinbart, um daran mehr zu erkennen, Altes zu lösen und Neues zu binden. Weißt du alle, mit denen du verabredet bist? Ihre Wesen, ihre Namen, ihre Orte und ihre Zeiten?"

Ihm aber, der so angeredet wurde immer wieder von dem, der erst sein Vater, nun aber bereits sein Großvater hätte sein können, wurde allmählich das Bild weggezogen, das ungeheure Licht ertrank in regenbogenfarbenen Kreisen, eine Sonne aus Dunkelheit ging still und schön auf und legte zarte Strahlen aus Schatten und Nacht über die grenzenlos ausschwingende Landschaft.

Der Alte sah, daß nun ein Kind an seinem Tisch eingeschlafen war, und legte ein Stück seines Gewandes dem Schlafenden übers Haupt.

Früheste Bilder tauchten auf, alte Heiligtümer der Seele, Ikonen, gemalt von der Frömmigkeit der ersten erinnerbaren Kindheit: die Petroleumlampe mit tief hinabgedrehtem Docht, so daß der Milchglasschirm nur ganz mild leuchtete; das eigene kleine Gesicht wurde plötzlich erkennbar. Die Mutter war verreist gewesen, wer weiß, wie lange – und mögen es nur zwei Tage gewesen sein, dem Knaben schien's eine Ewigkeit: nun wollte er sie heimkommen sehen, den Kuß der Mutter als Wachender empfangen. So saß er da am Rand der großen, quadratischen Fläche des Tisches mit ihrem matt schimmernden Muster aus verschiedenfarbenem Holz, an deren anderer Ecke die bleiche Lichtkuppel auf gußeisernem Fuß sich um das Glas des Zylinders wölbte und das Zimmer den unbegreiflichen Figuren der Dunkelheit überließ, die sich bisweilen wie wehend bewegten, wenn das Flämmchen am Docht aufflackerte und zu verlöschen drohte. Wer hütete das Licht? Wer ist mir da gegenüber gesessen? Die Großmutter? – Ich kann es nicht sagen. Die Sehnsucht in mir brannte ja auch auf immer kürzerem Docht; ich wurde immer schläfriger. Und dann beugte sich doch noch das liebe Gesicht der Mutter über mich, verspürte ich die frische Kühle ihrer Haut, den warmen Hauch ihres Atems. Ihrem Kuß antwortete das erlöste Aufseufzen, das Lächeln des in ihrem Arm eingeschlafenen Kindes.

Meine Mutter, Maria Stibill, war nach dem Tod ihres Vaters und dem darauffolgenden Verlust des Familienbesitzes unversehens aus der Geborgenheit bürgerlichen Wohlstandes und eines dementsprechenden Bildungsganges gerissen und durch die neuen

Lebensverhältnisse verantwortlich geworden für ihre lebensfremd in sich gekehrte Mutter und ihre um fünf Jahre jüngere Schwester. Im Alter von 17 Jahren aus der untersteirischen Idylle des Dorfes Studenitz bei Pöltschach (am Fuß des Votsch) nach Graz gekommen, suchte sie in der Stadt, in der man für kurze Zeit noch das Wohnrecht in einem passablen Haus, das der Vater in der damals noch recht modernen „breiten Jakoministraße" besessen hatte, in Anspruch nehmen konnte, eine Möglichkeit, für den Lebensunterhalt der kleinen Flüchtlingsgruppe zu sorgen. Sie absolvierte einen Buchhaltungskurs und wurde Büroangestellte in einer Seilerwarenhandlung. Später bezog sie mit Mutter und Schwester eine Einzimmerwohnung im dritten Stock eines Neubaus am Lendplatz. Sie verstand es trotz ihrer Pflichten, ihre Jugend voll Heiterkeit zu genießen, und erfreute sich regen Umworbenseins, ohne es im geringsten ernstzunehmen, zuversichtlich einer Begegnung entgegenwartend, die sich ihr als ihr – und nur ihr – zugedacht zeigen müßte. Diese Erwartung erfüllte sich, als mein Vater, damals noch ein Student, ihren Lebensweg kreuzte. Und wie sie ihn liebt, achtet sie dessen nicht, daß er bereits einer anderen Frau unauflöslich versprochen ist: Sie wünscht sich ein Kind, ein Kind von ihm. So erblickte ich in Graz, Am Damm 4, dritter Stock links, am 30. Juli 1924 das Licht dieser Welt.

Das Stück Gewand des Alten aus dem Traum hat mir noch geraume Zeit alle Eindrücke dieses Lichtes verhüllt. Ich glaube aber: Nie bin ich der Sonne näher gewesen als damals, wenn die Mutter sich über mich beugte.

Es ist Nacht. Ich höre vom Kanal her die Sirenen der großen Schiffe gedämpft durch den Nebel tönen. Bald wird die Eider wieder zufrieren. Die Stimmen des Ungewissen durchdringen das Eis. Die Zeit meiner Kindheit schreibt sich neu in mich ein.

2

Die Zeit vor der Zeit, die für uns zählt, weil sie einer Erinnerung anhaftet, zu deren Einzelwahrnehmungen auch die Stimmen gewisser Menschen gehören, die Zeit, da das Licht der Welt uns erblickt hat, wir aber noch nicht in der Lage gewesen sind, auch nur eine einzige durch dieses Licht der Welt uns sichtbar gemachte Erscheinung unserem Gedächtnis einzuprägen, woran soll sie gemessen werden? Andere zählen sie für uns und feiern unsere ersten Geburtstage. Stimmen des Ungewissen also leiteten uns, überaus wirksame Stimmen, die uns befähigten zu einer später nie wieder erreichbaren grenzenlosen, selbstverlorenen und selbstvergessenen Liebe: Welch ein Strom der Hingebung floß da durch uns den nächsten Menschen zu, die uns empfingen, pflegten, nährten, daß wir an ihnen zu Menschen werden konnten, uns – sie nachahmend – aufzurichten begannen, um stehen zu können, gehen zu können wie sie, erste Laute, erste Worte zu formen anfingen, um reden zu können wie sie, erste Begriffe erfassen zu können, denken zu lernen! Wie lang schon war man an der Hand der Mutter gelaufen, hatte Dinge mit Namen genannt und seinen Empfindungen durch Worte Ausdruck verliehen, ehe man zu sagen vermochte: „Ich gehe“ oder „Ich spreche“?

Alte Kulturen haben diesen wundersamen Stationen der Menschwerdung monumentale Denkmäler gesetzt, sie aus dem Schlafdunkel des Bewußtseins in Traumdämmerung frühester Morgenstimmungen heraufgeholt, so daß sich dieses Einschlagen des Ich als Aufleuchten der goldenen Pyramidenspitzen der Obelisken vor den Pylonen der ägyptischen Tempel, diesen Staudämmen gegen das grenzenlose Verdämmern des Bewußtseins bis über alle Horizonte hinaus, demjenigen in seiner Glorie zeigte, der den schmalen Durchlaß zwischen den geböschten Tortürmen, das Schweigen des Steines, Kälte und Finsternis der Abmauerung zwischen anonymem Außenraum und persönlich gestaltetem Innenhof passiert hatte wie eine letzte Mahnung, die Stimmen des Ungewissen könnten – nein, nicht verstummen –, jedoch unvernehmbar werden im Getöse dieser Welt. Die ersten Strahlen der Sonne senkten sich auf diese goldenen Spitzen, die sie empfangen konnten, weil die Aufrichtekraft sie ihnen entgegengehoben hatte. Und so sagte auch ich einmal zum erstenmal „Ich" und wurde des persönlich gestalteten Innenhofs so genau gewahr, daß ich ihn nun aus der Erinnerung schildern kann: erst einmal die Wohnung, in der ich aufgewachsen bin, dann das Haus, die Straße, den Platz, die Stadt.

Nun umfing mich in unserer kleinen Einzimmerwohnung im dritten Stock des Hauses Graz Am Damm 4 zwar kein ägyptischer Säulenhof, doch gab es da genug sehr einprägsame Ergebnisse menschlicher Gestaltungskraft. Nicht nur die Menschen unserer Umgebung, nein, diese selbst mit den unterschiedlichsten Dingen, aus denen sie sich ergibt, bilden an uns, formen mit an unseren Organen, machen damit unsere Seele empfänglich oder stumpf für die unterschiedlichsten Eindrücke möglicher Erlebnisse späterer Jahre, späterer Jahrzehnte. Da mögen ihre Rolle spielen – und nicht die unwesentlichste – das ernste Antlitz eines alten Schrankaufsatzes, die rötlichen Flammen im dunkelbraunen Holz der Schranktür, die verkrallten Messingbeschläge an der Schatulle der Mutter (jener geheimnisvollen Holzschachtel, die sie nur selten öffnete, so daß man sehen konnte, wie kostbar sie ausgeschlagen war mit Samt, und allein durch den Duft schon, der ihr entströmte, den Wert der Schätze für unbeschreiblich hoch taxieren mußte, die darin die meiste Zeit des Jahres über streng verwahrt wurden), das Klavier x, das sich bald geschlossen zeigte mit geschweifter Deckelfläche, bald geöffnet mit schräg emporgespreitetem Flügel, der, nur von einem schwenkbaren Stab gestützt (hell und edel wie ein Szepter aus Elfenbein), nicht mehr lastend auflag, sondern eher zu schweben schien über dem goldbraun schimmernden, geschwungenen Gehäuse aus eisenhartem Holz; und jedes seiner drei Beine, mit vielflächigem Schaft sich nach oben verbreiternd, mit kleinem Wulst als Basis, großem Wulst als Kapitell sich rundend, mit zierlichem Fuß auf Messingrollen, die in Glasschälchen standen, stellte des Tragens Dienst als ehrende Auszeichnung dar.

Diese Würde des Dienens war auch den vier Beinen des großen Tisches eigen, die aber auch in ihren Schäften rund waren, ausgebaucht wie Amphoren, von geschnitzten Blattkränzen bekrönt, worauf der Kasten lastete, in dem die ausziehbaren

x Flügel

Platten lagen, die für die bescheidenen Ausmaße des Zimmers viel zu groß gewesen wären, hätte man sie einmal hervorgeholt unter der durch Einlegearbeiten schön verzierten quadratischen Deckplatte. Klein, wie ich damals war, bewegte ich mich zwischen all diesen handwerklich sorgfältig gestalteten möbeltragenden Elementen also doch zumindest zeitweilig durchaus vergleichsweise zwischen „Säulenordnungen".

Die Art und die Größe der Möbel, auch ihre Menge, entsprachen keineswegs den Räumen, in denen sie sich befanden. Nicht zuletzt aus dieser Tatsache ergab sich etwas wie eine konstante Vorläufigkeitsatmosphäre unseres Wohnens. Wir waren ja auch Emigranten. Wir lebten in diesem Haus unter all seinen anderen Bewohnern wie „Herrschaften" auf der Durchreise und wurden als solche auch – und zwar durchaus liebevoll – respektiert. Nicht nur durch Möbel und Kleidung unterschieden wir uns von ihnen; es lag eher am Selbstverständnis unseres Auftretens, insbesondere wohl an unserer Gewohnheit, „Schriftdeutsch" zu sprechen. Dies war gar keine ausgefallene Eigenart unserer Familie: Nahezu alle deutschstämmigen Österreicher aus den slowenischen Gebieten der ehemaligen k. u. k. Monarchie sprachen Hochdeutsch. Mein Vater war aus Laibach gekommen und hatte obendrein in Graz nicht nur Romanistik, sondern auch Germanistik studiert. Darum legte er vielleicht noch besonderen Wert auf meine Sprecherziehung, und wenn er meist auch nur ein Mittag- und Abendessensgast und für ganze Tage nur an manchen Sonntagen bei uns war, wirkte sich das auf meine Sprechweise doch so stark aus, daß ich bisweilen – z. B. beim Friseur – gefragt wurde, ob ich aus Hannover käme. Meine Mutter und ihre Schwester aus der Untersteiermark waren ebenfalls ohne einen ausgeprägten Dialekt aufgewachsen, und meine Großmutter war im allgemeinen auf Slowenisch wie auf Deutsch gleich schweigsam. Im übrigen bildeten wir in der Wohnung, sobald mein Vater anwesend war, eine zusätzliche Zweiklassengesellschaft: Am linnengedeckten Tisch mit feinem Porzellan und weißen Nelken in Vasen aus geschliffenem Glas, mit Silberbesteck auf Glasbänkchen und in meinem Fall Mozarts und Beethovens sämtlichen Symphonien zu vier Händen als erhöhende Unterlage auf meinem Sessel, speisten meine Mutter und ich mit ihm im Zimmer, indessen Großmutter und Tante sich am einfachen Küchentisch allerdings wenigstens an den gleichen Gerichten wie wir gütlich taten. Nachts änderte sich dann wieder die Gesellschaftsordnung: Großmutter und Mutter schliefen dann in den zwei hintereinandergereihten Betten im Zimmer, dessen Wand lang genug war, auch noch für das quergestellte, weißlackierte Kinderbett Platz zu bieten; dessen oberes Ende reichte gerade bis zur Tür zur Küche, in der auf einem Sofa meine Tante zu schlafen pflegte. Bisweilen nächtigte auch ein Dienstmädchen in unserer Wohnung; das mußte sich dann mit einem Bett im Vorzimmer begnügen. Das Dienstmädchen trat aber nur in den Zeiten auf, da auch meine Tante berufstätig war. Die Großmutter ging zwar – meist mit mir – auf den Markt und sorgte in den ersten Jahren für die Zubereitung des Essens, hatte aber nicht Kraft genug, den gesamten Haushalt zu betreuen. Sie saß stundenlang still vor der Kredenz an der Schmalseite der Küche am oberen Ende des Küchentischs und sann ihren Träumen nach, aus denen sie gern Gewinn gezogen hätte: Sie litt wohl sehr unter dem Vorwurf, den ihr ihre zeitweilig sehr heftig werdende jüngere Tochter machte, schuld zu sein am Verlust des Familienvermögens durch zu vertrauensselige Hilfsbereitschaft zwielichtigen Bankrotteuren gegenüber, und erhoffte von ihrem „Ägyptischen Traumbuch" den reichtumbringenden Hinweis auf die richtigen Lotterienummern. Sie spielte regelmäßig, die paar vom Wirtschaftsgeld abgezweigten Groschen einsetzend; ebenso regelmäßig verlor sie.

Manchmal schickte sie mich auch ins Gasthaus hinunter um ein Achtel Wein. Das geschah selten und blieb – unabgesprochen – unser Geheimnis. Sie, die immer anwesende Großmutter, bildete für mich das Bindeglied zu all den „kleinen" Leuten, die in unserem Miethaus und in der gesamten Umgebung wohnten. Sie war von der gleichen Einfachheit wie sie, von gleicher Anspruchslosigkeit und achtbarer Lebenslist, gutmütig und eher zu schnell zum Nachgeben bereit, zum Ausweichen, wenn das Schicksal ihr zu grob kam. So glich sie wie all die anderen recht zahlreichen alten Frauen im Haus und im Lendplatzbereich eher einer Person aus einem Raimundschen Theaterstück als etwa den Käthe-Kollwitz-Typen, die um die Ecke, nur ein paar Schritte ums Eckhaus herum, in der Wienerstraße anzutreffen waren, durch die der Atem der modernen Welt wehte, von Norden her, von Bruck und Kapfenberg und Donawitz, von den Heimstätten des Proletariats am Kalvariengürtel mit seinen festungsartigen Gemeindebauten; die Ausläufer dieses Milieus reichten auf der Ostseite des Lendplatzes gerade nur bis zur Nordecke mit dem winzigen

Lotterielokal, das mir durch die Ablieferung der ausgefüllten Scheine jeweils am letzten Abend vor Ladenschluß bekannt war, weil mir meine Großmutter manchmal sogar diesen für sie wichtigsten Weg zur gewissenhaftesten Erledigung überließ.

Wie lieb waren mir die kleinen Kolonialwarenhandlungen mit ihrem stets regen Geschäftsverkehr, diesen Zwei- und Fünf- und Zehn-Deka-Abwägungen, diesen leise oder extra forsch vorgebrachten Bitten: „Anschreiben!" – Ach, unsere eigenen Verhältnisse waren ja nicht besser. Bald hatten wir überall Schulden: beim Greißler links, beim Greißler rechts, beim Konsumverein am anderen Ende des Lendplatzes, beim Gastwirt, von dem ich das Viertel Weißwein für den Vater abends mit der kleinen Weißglasflasche holen lief: Ich glaube, schon deswegen hat es damals so unglaublich viele Lebensmittelhandlungen und Gasthäuser in den Vorstädten gegeben, damit man sie wechseln konnte, wenn die Schulden bei diesem und jenem zu hoch aufgelaufen waren. Welcher Künste meiner Mutter bedurfte es, mit ihrem kleinen Angestelltengehalt nicht nur für alles Lebensnotwendige aufzukommen, sondern auch noch die Qualität unserer Ernährung und unserer Kleidung auf gleicher Höhe zu halten, ja, meinem Vater sogar eine Studienreise nach Frankreich mitzufinanzieren, ehe er endlich einen Posten als Französischprofessor in Bruck an der Mur bekam! So wurde auch die Mutter allmählich von Sorgen geprägt, und es bedurfte immer größerer Sorgfalt bei der Behandlung des schönen kastanienbraunen Haars mit der an Papier hitzeentschärften Brennschere (ich rieche jetzt noch den aufsteigenden Rauch), bei der Pflege der schlaffer werdenden, grauer werdenden Gesichtshaut mit Salben, zartem Rouge und fein duftendem rosabräunlichem Puder, bei der Glättung der aufspringenden, rissig werdenden Lippen mit dem glasig-fett aussehenden, aus seiner Messinghülle vorgeschobenen Stift. Zuletzt stand sie dann wie aufgeblüht vor mir, ganz Dame, stilvoll, elegant, zulächelnd ihrem hingerissenen Kavalier, dem überaus geliebten kleinen Sohn in seinem Sonntagsanzug aus feinstem dunkelblauen Tuch.

Vom Jahr 1929 an, dem Jahr mit dem kältesten Winter in der Zeit zwischen den beiden Weltkriegen, von meinem sechsten Lebensjahr an hatte ich Angst um das Leben meiner Mutter. Stimmen des Ungewissen waren es, die mir sagten, sie würde früh sterben. Ich konnte mir ein Leben ohne die Mutter nicht vorstellen. Ich hing nun doppelt und dreifach an ihr und nahm jede Gelegenheit wahr, bei ihr zu sein, sie anzuschauen, sie, kaum daß ich allein zur Schule gehen konnte, täglich abends aus ihrem Büro abzuholen, an Sonntagen, wenn der Vater nicht gekommen war, mit ihr auszugehen, mit innigen Gebeten den Himmel zu bestürmen, sie mir nicht zu entreißen, wenn ich hinter ihr stand und sie sich, vor dem Spiegel sitzend, für den Ausgang mit dem Sohn „schönmachte“: Ich glaube, ich bin dem geheimsten Wesen der Menschenbegegnung nie nähergekommen, als wenn plötzlich aus jeweiliger Nach-innen-Gewandtheit ihr Blick und mein Blick sich lösten und einer den andern im Spiegel traf –: Und die ineinandergetauchten Blicke lockten ein Lächeln hervor bei Mutter und Kind.

3

Wo immer ein Mensch auch geboren sein mag, die Umgebung, auf die er trifft, die Menschen, denen er sich anvertraut findet, werden für ihn die Welt vorstellen, die Menschheit in ihrem besten denkbaren Entwicklungszustand. Erst wer allerlei erfahren hat, wer andere Lebensverhältnisse und Verhaltensformen hat kennenlernen dürfen, wird Vergleiche ziehen können, abwägen, welche dieser Lebensgestaltungen der Zeit, in die er hineingeboren worden ist, am angemessensten sei. Es hat Phasen in meinem Leben gegeben, da wäre ich lieber im alten Peking zur Welt gekommen, im modernen New York, „Unter den Linden" in Berlin oder unter den Platanen in Aix-en-Provence; heute finde ich es geradezu großartig, daß es ausgerechnet der Lendplatz in Graz gewesen ist, wo mir dieses Schicksal beschert worden ist. Auf ihm nämlich breitete sich vor den Augen des Kindes eine solche Vielfalt möglicher Lebensformen mitteleuropäischer Traditionen aus, daß es Anschauung genug gewinnen konnte, später mühelos Anschluß zu finden an alle Strömungen seiner Zeit, also in eine Zeitgenossenschaft hineinzuwachsen, die den Übergang von einer noch bürgerlich bestimmten zu unserer pluralistischen Gesellschaft zu bewältigen hatte. Wir selbst in unserer Einzimmerwohnung im obersten Stockwerk des Hauses Am Damm 4, aus deren beiden gassenseitigen Fenstern der Blick nach Westen noch ohne Gegenüber bis zu den Randbergen des Grazer Feldes von Gösting bis Straßgang reichte (und, beugte man sich etwas vor, nach Süden bis über den Lendplatz zu den Silhouetten der Türme von der Franziskanerkirche bis St. Andrä, im Mittelfeld die mir besonders vertraute Mariahilferkirche), wir selbst lebten ja bereits in einer Zwischenzone: bildungsmäßig und den Lebensgewohnheiten nach noch ganz der überkommenen Kultur (und das mit dem natürlichsten Selbstverständnis) verpflichtet, den alltäglichen Lebensumständen und finanziellen Gegebenheiten nach aber schon aller entsprechenden Vorteile beraubt, was uns – insbesondere von der mütterlichen Seite unserer Familie her – auch der Vorurteile gegenüber den Menschen enthob, die als Mitbewohner unseres Hauses und des gesamten Wohnviertels überhaupt entweder dem kleinstbäuerlichen Milieu entstammten oder bereits von einem gestandenen proletarischen Zugehörigkeitsbewußtsein geprägt waren. Nun kreuzten sich auf dem Lendplatz auch noch durch den täglichen äußerst umfangreichen und überaus gut besuchten Bauernmarkt alle erdenklichen Spielarten von Sprache, Tracht und für das Kind unmittelbar erspürbarer Gemütsausstrahlung von gottergebener Frömmigkeit bis zu zynischer Bedenkenlosigkeit in der Anwendung aller Begabungen zugunsten des eigenen Vorteils, wie sich die Straßen kreuzten vom Arbeiterviertel des Nordens zum schon von slowenischer Kleinhändlermentalität erfüllten Süden am Griesplatz und von den universitätsbezogenen Kulturbezirken des Ostens bis zu dem Allerweltswirrwarr des Hauptbahnhofs an den Schienensträngen der Südbahn, die einem das berechtigte Gefühl vermittelten, ebenso mit Wien verbunden zu sein wie mit dem ganzen Orient, vom näherliegenden und durchaus verwandt gelten könnenden Balkan ganz zu schweigen. Die mehr oder minder abenteuerlichen Autobusse, die vor dem alten Fuhrmannsgasthof „Weißes Rössel" in die mehr oder minder entlegenen Dörfer der Weststeiermark oder des Murtales nördlich von Graz – meist schwer überfrachtet – starteten, boten einem überdies noch Gelegenheit, auf Ausflügen in durchaus voneinander nach Hausformen wie Dialekt streng unterschiedene Gebiete zu gelangen, so daß das Spektrum auch noch um deren reale Erfahrung bereichert wurde. Nahezu jeden Sonntag im Sommer durfte ich mir bis zu meinem zwölften oder dreizehnten Lebensjahr solcher Unternehmungen mit Vater und Mutter gewiß sein.

Der Bauernmarkt war mir also vertraut genug, kannte ich doch sogar die Gegenden, woher je nach Jahreszeit die Erbsen, Kirschen, Marillen, Bohnen, Krautköpfe oder Äpfel kamen. Durch meine gelegentlichen Weinholaufträge lernte ich bald auch die Randexistenzen solcher Bauernmärkte kennen, die kafkaesken Bauernfänger, ja sogar einmal eine ganze Ansammlung besonderer Artisten, die, aus lauter Freude an ihrer Kunstfertigkeit, ihre Geschicklichkeit in Wettspielen aneinander unter Beweis stellten: Da hatte sich in dem kleinen Haus mit dem schönen italienischen Giebel, in dem ein zierlich-flinker Italiener (vielleicht eben um des Giebels willen) eine Schankwirtschaft betrieb, eine Gruppe von Taschendieben zusammengefunden, angehörig einer zwar verbotenen, in früheren Zeiten aber keineswegs ehrlosen Gilde, und ihre Mitglieder waren dabei, einander gegenseitig die Krawatten wegzunehmen oder gar die Hosenträger unter den Jacken abzumontieren, ohne daß der Spielgenosse, bei vollem Wissen, irgendwie um irgendwas erleichtert zu werden, es merken durfte. Sie mußten im Fall, erwischt zu werden, „eine Runde ausgeben", hielten sich aber im ganzen recht nüchtern, zumal das nur selten geschah, sie andererseits aber auch darauf achteten, im Vollbesitz ihrer Fingerfertigkeit und Redegewandtheit zu bleiben. Ich weiß noch, daß meine Tante mich aus dem Lokal herausholen mußte, selbst jedoch ebenfalls fasziniert eine Viertelstunde lang den kostenlos gebotenen zirkusreifen Darbietungen zuschaute und zuhörte, ehe wir gemeinsam des Fläschchen Wein nach Hause trugen.

Aber nicht nur den Markt und seine sekundäre, nicht minder bunte Umwelt gab es da. Auf dem Lendplatz kreuzten sich auch zwei Straßenbahnlinien, deren jede vorzüglich einer der beiden Klassen zu Diensten war: die Dreierlinie, die von Gösting kam und über Gries- und Jakominiplatz zum Schillerplatz erstaunlich voneinander verschiedene Bezirke der Stadt zu durchmessen hatte, und die mit kleinerem und leichterem Wagenpark ausgestattete Zweierlinie (sie mußte die nicht sehr belastungsfähige Keplerbrücke passieren), die als Ringlinie vom Bahnhof aus über Annenstraße, Hauptplatz und Kaiser-Josef-Platz den vornehmen Streckenabschnitt Glacisstraße, Geidorfplatz, Wickenburggasse verkehrsmäßig bedienen durfte, ehe sie über Lendplatz und Keplerstraße wieder ihren Ausgangspunkt erreichte. Wurden die

Fahrzeuge der Dreierlinie bis zum Griesplatz hauptsächlich von eher ärmlich gekleideten Leuten benutzt – vom Jakominiplatz Richtung Dietrichsteinplatz – Herz-Jesu-Viertel wechselte das Publikum durchaus –, bevölkerten sich die der Zweierlinie insbesondere zwischen Hauptplatz und Humboldtstraße mit auffallend kostbar ausstaffierten Damen und Herren weltmännisch-urbanen Gebarens. Mir fiel das regelmäßig auf, wenn ich als Volksschüler mittags vom Kaiser-Josef-Platz aus mit der Tramway nach Hause fuhr; die Dreierlinie wurde mir umso vertrauter in meiner späteren Schulzeit, da ich täglich morgens vom Lendplatz mit der Straßenbahn bis zur Pestalozzistraße fahren mußte. Am interessantesten war für das Kind aber immer wieder die Hauptniederlassung der städtischen Feuerwehr Ecke Keplerstraße: Wie schnell bei den regelmäßigen Übungen die Mannschafts- und vor allem die überaus imponierenden Leiterwagen aus automatisch sich aufschiebenden Stahltoren einsatzbereit hervorkamen. Das Rot dieser Autos, die Alarmtrompetensignale, die entschlossenen Gesichter der Feuerwehrmänner mit durch das Helmband energisch hochgebundenem Kinn: all das erfüllte den Knaben mit ehrfürchtigem Schauder vor dem Ernstfall, der Gott sei Dank damals noch auf sich warten ließ.

Postamt, Telefonhäuschen, Taxistände sorgten noch für weitere großstädtische Ausstattung, der Eismann im Sommer, der Maronibrater im Winter für jahreszeitlich bedingte Annehmlichkeiten.

So bildete der Lendplatz eine Stadt für sich, bot reichsten Anschauungsunterricht des Lebens dem Kinde, das mit sozusagen jauchzenden Sinnen jede

Einzelheit wahrnahm, als wäre sie extra ihm zugedacht zu Lust und Belehrung.

Ich muß etwa fünf Jahre alt gewesen sein, als mich mein Vater erstmals mitgenommen hat zu seiner Mutter und seinen sechs jüngeren Geschwistern, die dazumal gerade noch alle in ihrem Elternhaus am Dietrichsteinplatz wohnten. Wie das Eckhaus am Lendplatz, von dem aus nach Nord und Nordwest die Straßenzüge Am Damm und Wienerstraße mit gleich hohen (und im Stil sezessionistisch ausgestatteten) Fassaden ihren Anfang nehmen, dominierend das obere Ende des Platzes besetzt, so beherrscht das vom Historismus altdeutsch geprägte Gebäude das im Osten gelegene obere Ende des Dietrichsteinplatzes und bildet mit seinen Anbauten nördlich den rechtsseitigen Anfang der Sparbersbachgasse, auf die sechs oder sieben Fenster der Siebenzimmerwohnung hinausgingen, südlich den linksseitigen Anfang der bescheidener erscheinenden Schörgelgasse. Die reichgegliederte und verzierte Hauptfassade gibt bis heute dem Dietrichsteinplatz wohlständig-wohlanständig bürgerstolzes Prunkgepräge. Dies und das Domizil in der „Beletage“ mit fünf Fenstern zur Vorderfront heraus war dem ehemaligen k. u. k.-Inspektor für alle Gymnasien von Kärnten und Krain nach seiner Pensionierung und Übersiedlung nach Graz auch einigermaßen angemessen. Solch hohen Beamtenposten hat nämlich mein Großvater väterlicherseits eingenommen gehabt, bevor er in der von allen besseren Pensionisten damals bevorzugten Hauptstadt der Steiermark sein Ruhestandsleben, wie man mir halb hinter vorgehaltener Hand erzählt hat, vor allem auf sein eigenes Wohl bedacht recht vergnügungsfindig zu Ende zu bringen wußte, leider bevor ich seine Bekanntschaft machen konnte. Nun residierte an seiner Stelle – mehr zum Wohl seiner Familie, aber, wie ich glaube, um nichts weniger streng als er – die Mutter meines Vaters, ihre sechs Söhne und ihre Tochter als das jüngste ihrer Kinder reglementierend, so daß ich sie erst einmal alle aufs engste um einen schmalen Tisch im kleinsten (eigentlich eben dem Dienstboten-)Zimmer der Wohnung unmittelbar hinter der Küche beim Essen sitzen sah, dem die überaus imponierende und mir sofort zutiefst liebenswerte alte Frau vorsaß, indessen Tante Martha, die Tochter, einer zierlich-anmutigen Magd gleich, Speisen auftrug und Teller wechselte und so mehr zwischen Küche und Tafel hin- und hersprang, als zwischendurch auf ihrem Platz unter ihren Geschwistern zu einem Löffel Suppe Zeit zu finden. Ich wurde von allen mit einem wohlwollenden, leise ironischen „Hallo“ zur Kenntnis genommen, begegnete aber fast im gleichen Augenblick dem Blick aus den Augen der Großmutter. Wie erstaunt – und in einer unerwartet erwärmenden Weise erfreut – war der Enkel, als sie sich damals zu seiner ersten Begrüßung von ihrem Sitz erhob und sich im Stehen kaum größer erwies als er! Eine Rückgratverkrümmung, die ihr gewiß viele Schmerzen verursachte, zwang sie zu dieser Beugung, die ihrem Antlitz nur noch mehr Hoheit gab und ihrem Blick nur noch hellere Flammen.

Aus all diesen Söhnen, die damals an dem Tisch im Dienstbotenzimmer hinter der Küche saßen, sind Regierungsräte, Senatspräsidenten, Medizinalräte und Hofräte geworden, der Familientradition entsprechend, und eben dieser Familientradition entsprach es auch, daß die Tochter ihre Würde aus der Selbstlosigkeit ihrer Bereitschaft zum Dienen bezog. Ihr Zartgefühl und ihr natürliches Verhältnis zu einer bewunderungswürdig verläßlichen Diskretion brachten ihr das Vertrauen jedes einzelnen Familienmitgliedes ein, damit auch manch heiklen Auftrag; so hatte sie ehedem dem Vater in luxuriösen Etablissements die von ihm in seiner Bank behobenen und ihm noch verbliebenen Geldscheine seiner Pension zu entwinden gehabt, um das Leben seiner Familie abzusichern, dann – nach seinem Tod – den noch geraume Zeit im Haus verbleibenden Brüdern mit Hilfe der Mutter das Essen auf den Tisch zu bringen, für Ordnung in der großen Herrschaftswohnung zu sorgen und ohne Wissen der Mutter manches Lebens- oder Liebesproblem ihrer Geschwister in ihrem stets dienstbereiten Herzen zu bewegen, ohne jemals jemandem ihre eigenen Sehnsüchte zu verraten. Sie war es auch, die als erste von allen nach ihrer Mutter gestorben ist, mädchenhaft geblieben und keineswegs undankbar für ihr Leben, ehe sie im letzten Kriegswinter einem schweren und schmerzhaften Leiden, das sie bis zu dessen katastrophalen Ausbruch geheimgehalten hatte, erlegen ist.

Am Damm 4 und Dietrichsteinplatz 7 –: Zwischen diesen beiden atmosphärischen Polaritäten pendelte ich regelmäßig hin und her, das Glück der Zuneigung meiner heißgeliebten Großmutter genießend, sie an Sonnentagen auf ihren Spaziergängen in den Stadtpark begleitend, sonst von einem der Fenster des Erkerzimmers aus unser einfaches, doch unerschöpflich reizvolles Wettspiel betreibend: Immer wenn auf der Querachse des Dietrichsteinplatzes ein Straßenbahnzug hielt, galt es, mit zugehaltenen Augen zu raten, ob es ein Dreier oder ein Sechser sei. Sechser fuhren geradeaus weiter und verschwanden alsbald links in der Münzgrabenstraße, Dreier bogen aber direkt auf unseren Beobachtungsposten zu und fuhren rechts an uns vorbei in die Sparbersbachgasse hinein. Meistens wußte meine Großmutter die Wette mit Anstand zu verlieren und schälte und viertelte dann einen Maschanskerapfel für mich, den ich unter allen Sorten von Äpfeln immer am liebsten gegessen habe.

Tiefste Bestürzung befiel mich, als ich – es war um meinen zehnten Geburtstag herum – eines Donnerstags (das war unser „Jour fixe“ gewesen) nicht zum Dietrichsteinplatz fahren durfte. Am Montag darauf ging ich dann taurig und ratlos an der Hand meines Vaters hinter dem Sarg her, der da, umgeben von Priestern und Chorknaben, von dunklen Männern getragen, vor mir her auf dem Leonhardfriedhof der Familiengruft zuschwankte. Mit dem Tod der Mutter meines Vaters hatte ein besonders leuchtender Abschnitt meiner Kindheit sein Ende gefunden.

4

Die Urteile der Liebe sind unerbittlich. Sie nehmen niemals Rücksicht auf den, der von ihr befallen wird. Erbarmungslos sieht er sich einem Gefühlsstrom ausgeliefert, der seine alle Maße einer bewußten Entschließung in unerahnbarer Weise übertreffende Gewalt von dem alles Leben auf seinen Wogen bis über alle Horizonte hinaustragenden Willensstrom erhält. Diesem Urteil der Liebe, das uns wie durch den Mund des Flußgottes jenes unter-? über-? irdischen Stromes vor aller uns selbst möglichen Einsicht trifft, verdanken wir als kleine Kinder die unbegreiflich zauberische Kraft, den Menschen ähnlich zu werden, die uns umgeben, genauso wie die später uns bisweilen schon (wohl nur scheinbar) begründbar scheinende grenzenlose Zuneigung zu einer Person unserer nächsten Verwandtschaft, ja jedes weitere uns an unseren Menschenbegegnungen so mächtig packende Interesse, daß wir selbst zu anderen zu werden wünschten, um der jeweilig gegenseitigen Aufmerksamkeit, ja uns anerkennenden Geneigtheit bis zur vollen Hingabe würdig zu werden. Die Urteile der Liebe werden immer von anderen Instanzen ausgesprochen als von rational faßbaren, und je weniger wir uns in der Lage sehen, Ursachen zu nennen, die uns helfen sollen, uns selbst in unserer Liebesnot zu verstehen, umso gerechter werden wir ihrer überpersönlichen Natur, desto unumschränkter aber auch ihr unterworfen. So gehören zu den menschlichsten aller Schmerzen die, die aus der Liebe entstehen vom ersten Augenblick unserer Existenz an, da sie sich ihrer als eines Ichs bewußt wird. Denn mit diesem Augenblick wird in uns auch schon die Ahnung des Todes zum schattenwerfenden Lichtquell, der uns zur Wahrnehmung der von da an immer plastischer in Erscheinung tretenden, durch ihre äußere Vergänglichkeit unübertrefflich kostbaren Dinge dieser Welt, insbesondere der Körperlichkeit der irdischen Personen befähigt, deren Hinfälligkeit von Augenblick zu Augenblick uns in noch größere Panik versetzen müßte, ließen sie sich nicht wenigstens als Inbilder hinüberretten in die zeitlose Raumeswelt der Erinnerung. Mit ihr hat man als Kind aber noch wenig Erfahrung. So ist man der Angst vor dem Tod eines Menschen, den man von ganzem Herzen liebt, auch ganz und gar ausgeliefert. Sie nimmt zuweilen die Gestalt eines unbeschreiblichen Großen, Bedrohenden ein, vor allem in den Fieberstunden vor ausbrechenden Krankheiten. Mich erfüllte diese Angst von früh an als die Angst um das Leben meiner noch verhältnismäßig jungen Mutter. Die von mir geliebten alten Menschen meiner nächsten Umgebung waren dagegen von solchen Ängsten meiner Seele ausgenommen. So hat mich der Tod meiner Großmutter väterlicherseits wie ein neben mir eingeschlagener Blitz nur für den Augenblick betäubt, mein Gemüt in den Nachwirkungen aber ebensowenig beschwert, wie er das durch Vorahnungen getan hatte.

Die innige Liebe zwischen ihr und mir hatte etwa ein Jahr vor diesem Ereignis einen Entschluß in ihr reifen lassen, der für meine Mutter von hoher Bedeutung war und eine Art Hof- und Staatsaktion zur Folge hatte. Niemals hätte meine Mutter nämlich die Wohnung der Mutter meines Vaters betreten können, so leicht ich auch die Schwelle zwischen unserer unbestimmbaren Zwischenbereichsgruppierung am Lendplatz und der nach außen hin klar konturierten bürgerlich-akademisch geprägten Familie am Dietrichsteinplatz kraft dieser Liebe geradezu schwebend überwand. Das Privileg solchen Besuchs blieb – zumindest dem Taktgefühl meiner Mutter entsprechend – nämlich nur der legitimen Frau meines Vaters vorbehalten, die in einer Jugendstilvilla am Fuße des Ruckerlberges das Leben einer Dame von Rang und Vermögen sehr zurückgezogen ganz für sich allein führte. Sollte meine Mutter in ihrer Zugehörigkeit zur Familie meines Vaters durch einen sozusagen öffentlichen Akt bestätigt werden, konnte dies also nur dadurch geschehen, daß die ebenso ehrfurchtgebietende wie liebenswerte alte Frau den Weg zu uns nahm. Es wurde also zwischen ihr und meiner Mutter ein Tag vereinbart, an dem sie uns in unserer Ein-Zimmer-Küche-Wohnung zum Tee aufsuchen würde.

Nun wurden bei uns Vorhänge abgenommen, gewaschen, gebügelt, über die blankgeputzten Messinghülsen der Rundstäbe gezogen und wieder über den beiden Zimmerfenstern angebracht, daß sie duftig und weiß wie Brautschleier in schmalen Bahnen bis zum Boden wehten, so zart, als bewegten sie sich vom Hauch der Genien der Blumensträuße auf der sorgfältig aufpolierten Kommode; nur zu Weihnachten hatte sonst der Parkettboden so geglänzt, war alles Silber der Bestecke von solch weichem Weißglanz gewesen; ich glaube, sogar das Stiegenhaus war gegen ein entsprechend frohmachendes Trinkgeld von unserer im allgemeinen unfaßbar kratzbürstigen, uns aber immer freundlich begegnenden Hausmeisterin außertourlich saubergemacht worden. Ohne weitere Debatte hatten sich die bescheidene Großmutter und die sonst oft so widerspenstige jüngere Schwester meiner Mutter für den gesamten dem Besuch vorbehaltenen Nachmittag zu einem langen Spaziergang in den Volksgarten und zu Besorgungen in der Annenstraße bereit erklärt, so daß der Teil unserer Wohnungsbelegschaft, mit dem mein Vater trotz seiner fast täglichen Besuche per Sie geblieben war, nicht einmal durch stumme Anwesenheit in der Küche Gefahr lief, den hohen Gast unter Umständen zu irritieren wie durch zwei falsche Bilder an der Wand.

Der vereinbarte Tag war gekommen. Die vereinbarte Stunde hatte begonnen. Meine Mutter hatte die Urlaubswoche genutzt, auch das Erscheinungsbild unserer beiden Personen angemessen zu verfeinern, und nahm nun die letzten Korrekturen an ihrer und meiner Frisur, an ihrer und meiner Kleidung vor. Dann lag ich auch schon mit beiden Unterarmen auf dem flachen Polster auf der Fensterbank und hielt Ausschau über den uns zugewandten Teil des Lendplatzes und die Zufahrt zu unserem Haus. Als kurz nach vier Uhr ein hohes, geschlossenes schwarzes Auto (wohl ein Taxi vom Kaiser-Josef-Platz) sich vorzufahren anschickte, sprang ich auch schon zur

Wohnungstür hinaus und immer zwei Stufen nehmend (vor dem jeweiligen Treppenabsatz sogar drei, da jede Einzelstiege elf Stufen hat) die Stiegen hinunter und durch das Haustor der Großmutter entgegen, die eben den ehrerbietig vor ihr stehenden Chauffeur abfertigte. Liebevoll geleitete ich sie dann durch das Vorhaus, ihr die im oberen Teil mit buntverglasten Quadraten ausgestatteten Pendeltürflügel öffnend, und bot ihr Stütze beim Aufstieg in den dritten Stock, wo meine Mutter bereits vor der Wohnungstür stand. Ich nahm wahr, wie sie sich tief zur alten Dame hinabbeugte, um deren herzliche und doch zugleich gemessene Umarmung zu empfangen und in nur mühsam unterdrückter Rührung mehr der Gebärde als der Berührung nach zu erwidern, und hörte drinnen im Zimmer mit eigentümlicher Vergnügtheit der Konversation der beiden von mir am meisten geliebten Frauen zu, ohne groß auf den Inhalt ihres Gespräches zu achten, der auch für sie selbst kaum wesenhafte Bedeutung gehabt haben dürfte. Schließlich wurde ich aufgefordert, auf dem Klavier ein kleines Stückchen vorzuspielen, was ich ohne jede Scheu auch tat, da es für mich zu den Selbstverständlichkeiten des Alltags gehörte, auf dem Flügel zu musizieren, ohne daß mir dieses Spielzeug je zu groß für mich erschienen wäre, seit ich – vor ihm stehend – mit meinen Händen die Tasten niederzudrücken vermocht hatte. So ließ mich die Großmutter in der Dietrichsteinplatzwohnung auch immer wieder einmal an das ewig verstimmte, sargschwarz lackierte Pianino im stets so peinlich aufgeräumten Salon, daß er mir so unbewohnt wie unbewohnbar erschien, um ein bißchen Klavier zu spielen: Mich fröstelte aber regelmäßig (selbst im Hochsommer) in diesem Raum nach längstens fünf Minuten. Bei uns am Lendplatz dagegen war der Raum nun voll Wärme. Er erfüllte mich mit außerordentlichem Wohlbehagen. Ich spielte ein einfaches Lied nach Gehör.

Nur selten hat mir die Großmutter einen Kuß gegeben. Damals tat sie es, als ich vom roten Plüschhocker aufstand, sich selbst schon wieder zum Aufbruch erhebend; dann entnahm sie ihrer schwarzen Lederhandtasche mit Messingbügel ein kleines verschnürtes Päckchen mit feinem Konfekt für meine Mutter und ein Papierstanitzel mit Schweizerkreuzzuckerln für mich zum Abschied. Abermals wechselten die beiden Frauen eine Umarmung, traten hierauf vor die Wohnungstür, und indes meine Mutter vom obersten Treppenabsatz unserem Abgang folgte, bis das Geräusch der wippenden Pendeltür zu ihr hinaufdrang, geleitete ich die kleine große alte Frau sorgsam hinab und zum Haustor hinaus. Da stand auch schon wieder der dunkle Wagen, und der Chauffeur zog seine Kappe und öffnete mit der anderen Hand den Wagenschlag, den zu passieren meine Großmutter sich nicht extra bücken mußte, um in der viersitzigen Fahrgastkabine auf der hinteren Polsterbank Platz zu nehmen, mir noch einmal zulächelnd und zuwinkend. Lang winkte ich dem abfahrenden Auto nach, und ich sah, wie hoch oben aus dem offenen Fenster unserer Wohnung auch meine Mutter dem Wagen nachwinkte, selbst dann noch, als er bereits nach links in die Keplerstraße hinein entschwunden war. – Der Besuch hatte genau eine halbe Stunde gedauert.

So hat meine Einführung ins Haus Dietrichsteinplatz 7 durch meinen Vater tatsächlich die Früchte getragen, die er sich für meine Mutter gewiß erhofft hatte: Nun hatte sie doch noch den Segen seiner Mutter bekommen, und zwar demonstrativ und über allen Einspruch erhaben, ohne daß das ungeschriebene Protokoll verletzt worden wäre, das der offiziellen Gemahlin meines Vaters bestimmte Vorrechte garantierte.

Nicht so gut gelungen war ihm – wohl um dieselbe Zeit, als er mich am Dietrichsteinplatz vorgestellt hatte (ich war damals etwa fünf Jahre alt und muß ihm wohl ein zu solchen Wagnissen berechtigendes Erscheinungsbild geboten haben) –, nicht so gut gelungen war ihm der Versuch, durch eine persönliche Begegnung zwischen seiner Frau und mir eine von ihm und vielleicht auch von ihr erwünschte Beziehung herzustellen. Tante Olga, wie sie, war das Gespräch in meiner Gegenwart zufällig auf sie geraten, genannt wurde, war mir durch die Art, wie man dann immer zu schnell verstummte oder von anderen Dingen sprach, seit eh und je suspekt. Daß meine Mutter über ihre Existenz nicht gerade besonders glücklich war, war mir ebenso seit eh und je klar gewesen: Warum hätte sie sonst nie auch nur ein einziges Wort über sie verloren? Von anderen Onkeln und Tanten auch aus dem anderen Haus sprach sie oft lebhaft und lustig. – Ich bin also schon in einigermaßen reservierter Haltung an der Hand meines Vaters die steile Gasse im Leonhardviertel und dann die steile Treppe im dazumal noch hochmodernen und luxuriösen Einzelwohnhaus hinaufgegangen, nachdem mir gesagt worden war: „Heute besuchen wir Tante Olga."

Gepflegt wie das gesamte Milieu war dann auch die

Dame dieses Hauses, vortrefflich eingepaßt den exquisiten Blumensträußen in noch exquisiteren Vasen, den edlen Biedermeiermöbeln und den Regalen voll schön gebundener Bücher. Die Gesamtatmosphäre hatte aber etwas Übersteigertes, Gekünsteltes, von den Perserteppichen bis zum zarten Stuck an den Plafonds. Sie hatte etwas Provozierendes für mich. Ich hielt aber an mich, wollte ich doch meinem Vater keine Schande machen. Keiner hatte mir bis dahin geradeheraus gesagt, daß Tante Olga seine Frau sei. Ich wußte es einfach. Und plötzlich kam Groll in mir hoch, da mir meine Mutter einfiel, die das doch in Wirklichkeit *war*. Nur aus Höflichkeit nahm ich, wie mein Vater von Tante Olga zu einem Imbiß an ein hübsch gedecktes Tischchen genötigt, ein Stückchen von dem kalten gebratenen Hühnchen auf meinen Teller; um meines Vaters willen überwand ich mich sogar zu einigen Bissenck ein und im Delikatesse geschäft gegenüber fünf Deka Ungarische Salami und zehn Deka Beinschinken – „bitte mit der Hand ge chnitten" – und fünfzehn Deka Emmentaler und dre kleine Essiggurken, und manchmal, aber sehr selten wenn das Wetter sehr schlecht war, an

Damit hatte sie ihr Gesicht für mich verloren. Man muß mir das angesehen haben; denn bevor die Atmosphäre noch in Eisigkeit hat erstarren können, hat mir mein Vater schon den Mantel angezogen gehabt und ist mit mir die Treppe hinunter und die steile Straße und über die Brücke über den kleinen Bach weitergegangen bis zur Tramwayhaltestelle. Gesagt hat er nichts. Er hat aber auch nie wieder den Versuch unternommen, Tante Olga und mich zusammenzuführen. So habe ich sie auch nie richtig kennenlernen können und konnte mir erst nach ihrem Tod ein Bild von der Einsamkeit und dem aufs Leben wie auf stillstehende Kerzenflammen gerichteten Blick ihres demütig stolzen Wesens machen, als ich in einigen über sie von meinem Vater ererbten Büchern Notizen von ihrer Hand gefunden habe. Mein Vater hat übrigens fast bis zum letzten Tag seines Lebens alle Gänge zu Behörden, zum Markt, zu Kaufhäusern oder Apotheken für sie besorgt und sie jeden Tag um die gleiche Stunde für eine bestimmte Zeit des Nachmittags besucht; und so hat er, wie ich glaube, jahrzehntelang die einzige herzlichwarme Beziehung zwischen ihr und dem Leben außerhalb des Hauses hergestellt. Er hat ihr als Mensch die Treue gehalten und damit seiner Ehe die Würde nie genommen, wenn er diese durch seine Manneswege in den Augen anderer Leute vielleicht auch in Frage gestellt haben könnte. Für mich als Kind war das Kapitel „Tante Olga" damals aber für alle Zeiten abgeschlossen.

Von befreiender Wirkung für mich ist es aber gewesen, als die Großmutter vom Dietrichsteinplatz zu uns gekommen war, um meiner Mutter vor aller Welt ihre Achtung und ihre Liebe zu bezeugen. Das Urteil der Liebe, das mich mit beiden verband, hat mich nicht der Bitternis einer Konfliktsituation ausgesetzt.

5

In dem schmalen Niemandsland zwischen dem uns unbewußten Vermögen, uns alles im Sinne des ausgesprochenen Wortes einzuverleiben, was sich uns noch wie vor aller Zeit als Umwelt darbietet, und der neuen Fähigkeit, sich dieser Umwelt in ihrer Vergänglichkeit als „ich“ immer bewußter gegenübergestellt zu sehen, leuchtet bisweilen noch etwas vom Licht des großen Traumes auf, den ich zu Beginn dieser Aufzeichnungen erzählt habe, und gibt manchen Erlebnissen der früheren Kindheit eine Art Goldgrund, wie ihn die Maler alter Zeiten den frommen Szenen ihrer Bilder als Hintergrund gegeben haben, um damit deren Sinnhaftigkeit über alle Vergänglichkeit hinaus zu bezeugen.

Daraus mag dann in uns die Sehnsucht entstehen, seines Leuchtens noch einmal teilhaftig zu werden, da die Stimmen des Traumes, die uns die Sicherheit gaben zu unserem Tun, als wir von uns noch gar nicht wußten, seit wir von uns zu wissen begonnen hatten, zu Stimmen des Ungewissen geworden waren. Die Erde, auf der wir damit angelangt waren, enthüllte sich sogleich als alles eher denn heil; sie bot unserer Sehnsucht aber allerorten noch Tröstungen. Die liebe Gestalt der Mutter, das Anziehende in den Erscheinungen dieser irdischen Welt im Kleid der Jahreszeiten, der Menschenwerke verschiedener Epochen im Bilde der Stadt: All das entrollt nun ein Panorama, in dem man sich als sich entwickelnde Person dem Traum nach wiederzufinden und in immer neuen Stufungen der Liebe dem Erlebnis des Religiösen mit offener Seele zu begegnen vermag.

Als ich noch zu klein war, allein außer Haus zu gehen, aber schon groß genug, längere Strecken an der Hand eines Erwachsenen auf meinen eigenen Füßen zurückzulegen, habe ich mich manchmal mitten am Vormittag, dem unerbittlichen Gebot meiner Liebe gehorchend und dem unüberwindbaren Drang der Sehnsucht meines Herzens gemäß mit jäher Ungeduld unverzügliche Erfüllung meines Wunsches fordernd, von unserem Dienstmädchen zu meiner Mutter in die Seilerwarenhandlung Otto Haase & Sohn bringen lassen, der damals das Büro der Fabrik angeschlossen war, in dem sie zeit ihres Lebens als Angestellte ihren Dienst getan hat.

Das ist ein langer Weg gewesen, bis wir durch die Mariahilferstraße an der schönen doppeltürmigen Kirche, in der ich getauft worden bin, vorbei über den Murplatz, wo die Autos und die Straßenbahnzüge vom Hauptplatz oder vom Bahnhof heranrollend so dicht hintereinander aufschlossen, daß man ihn nur auf die Drehungen und Handzeichen des verkehrsregelnden Polizeimannes hin überqueren durfte, die Griesgasse erreicht hatten und an ihren vielen kleinen Geschäftslokalen entlang schließlich bis zu den großen Auslagen mit ihren Sisalläufern, Kokosmatten, Netzen, Hanfseilen, Paketschnüren und Spagatrollen und dann endlich an das immer eher abweisend auf mich wirkende rechteckige, blechbeschlagene Einfahrtstor gekommen waren, das ein Stück weiter hinter dem Geschäftseingang lag. Dahinter aber, in der nüchtern kühlen Einfahrt, hat sich an der linken Wand eine eiserne Tür befunden, grün gestrichen und unten etwa einen guten halben Meter über dem Holzpflasterboden, auf dem wir standen, endend, und habe ich dann an diese hohe, schmale Tür geklopft, dann ist sie aufgegangen, und meine Mutter hat sich daraus zu mir herabgebeugt. Dieses Ereignis war jedesmal so wunderbar für mich, daß mir der Atem stockte vor Wonne. Nie habe ich die Gesichter der anderen, die hinter dieser Tür unter ihren Bürolampen an ihren Schreibtischen saßeeren, denn der eigent iche Zweck des Besuches erfüllte sich ja doch erst n jener kreisrunden Schirmwand, in die paarweise in regelmäßigen Abständen und in Sitzmenschendur hschnittsaugenhön.

War das Kind von seiner Geburt an nie allein gewesen, weder im Hause noch gar auf der Straße, und hat es sich dabei, ohne es zu wissen, gern im Schutz der Erwachsenen befunden, legte der Knabe schon bald, nachdem er die Evangelische Schule auf dem Kaiser-Josef-Platz (sie hatte damals als Volksschule einen guten Namen in Graz und war auch katholischen Kindern zugänglich) zu besuchen begonnen hatte, Wert darauf, allein seiner Wege zu gehen. Nun wäre es ihm unmöglich gewesen, seine Mutter unter der Zeit in die Wundertür zu beschwören, wie er sich das als Kind ohne weiteres geleistet hatte, nicht einmal an der Ecke vor der Geschäftstür zu warten gestattete er sich, wenn er sie abends nach Büroschluß abzuholen und nach Hause zu begleiten das Verlangen hatte. Er stellte sich dann jedesmal an die Ecke Belgiergasse – Griesgasse beim Hotel Weitzer, immer von neuem gebannt von dem um diese Stunde stets aufbrausenden Verkehr auf den Straßen, den im Tempo sich steigernden Arbeiten der Gesellen und Lehrbuben der Firma Odörfer gegenüber, deren Eisenwaren- und Werkzeughandlung mit offenem Einfahrtstor und im Hof dahinter manchmal glosenden Feuern oder aufwirbelnden Funken etwas geheimnisvoll Anziehendes für den Knaben hatte, der die vierzehn-, fünfzehnjährigen Burschen da drüben um ihre blauen Arbeitsanzüge und schmutzigen Hände, mit denen sie schon so zünftig beim Abladen eines Lastautos zupacken konnten, und um ihre großspurige Männlichkeit beneidete, mit der sie einander durch Wink oder kurzen Zuruf verständigten, wenn es darum ging, wer was wo und wie anzufassen hatte. So verstrich dem Schauenden die Zeit schnell. Und hatte sich drüben auch schon das Stahltor geschlossen, fuhren doch noch Taxis beim Hotel Weitzer oder beim gleich über die Gasse dahinter gelegenen älteren, biedereren Einkehrgasthof „Zum goldenen Ochsen" vor, hier flinke, knapp und korrekt gekleidete Herren und in pelzbesetzten Kostümen bisweilen auch Damen aus Wien oder Linz, dort eher behäbige, wohlbeleibte, gemütlicher wirkende Herrschaften aus Stainz, Deutschlandsberg oder Leibnitz absetzend. Dann war aber auch schon die Mutter leichten und raschen Schrittes bei dem wartenden Knaben angelangt, und wie selbstverständlich schloß er sich ihr nun an, ohne daß den Passanten der Umgebung auch nur im geringsten hätte auffallen können, welche Freude ihn jedesmal erfüllte. Und dann kaufte die Mutter noch frisches Abendgebäck ein und im Delikatessengeschäft gegenüber fünf Deka Ungarische Salami und zehn Deka Beinschinken – „bitte mit der Hand geschnitten“ – und fünfzehn Deka Emmentaler und drei kleine Essiggurken, und manchmal, aber sehr selten – wenn das Wetter sehr schlecht war, an Novemberabenden zum Beispiel –, nahm sie sogar ein Taxi, und der Knabe genoß die sehr befristete Zeit der Fahrt um das „Eiserne Haus“ der Brüder Lechner herum und links den Lendkai muraufwärts und durch die Ökonomiegasse zum Lendplatz hinüber, neben der Mutter sitzend, das große Lebensgefühl, wie es seiner Meinung nach alle Menschen von echtem Wohlstand immerzu erfüllen mußte, mit geröteten Wangen, aufgeregt ob der Geschwindigkeit, mit der das Auto die Strecke zurücklegte, diese Leistung ebenso bewundernd wie freilich auch bedauernd: Schon hielt man vor dem Haustor Am Damm 4.

Bis zu meinem ersten Schultag habe ich kaum andere Kinder gekannt. Mir ist dabei nichts abgegangen, hatte ich doch schon genug zu tun, mit meinen Erlebnissen an all den Erwachsenen, die mich umgaben und untereinander in den mannigfachsten Spannungsverhältnissen standen, fertigzuwerden. Diese erste Schule des Lebens hat umso tiefere Eindrücke in mir hinterlassen, als es mir nicht erinnerlich ist, daß in ihr je eine für mich als solche erkennbare pädagogische Maßnahme vorgenommen worden wäre. Erzogen haben mich die Bilder sinnreicher Verrichtungen um mich herum im Haus, auf dem Markt und auf der

Straße, wie sie zum Ablauf des Alltagslebens gehörten. Etwaige Entgleisungen meines Temperaments wurden entweder dadurch korrigiert, daß sie ignoriert wurden, oder das verlockende Mittel der Ablenkung stellte eine erwünschtere Gemütsverfassung meinerseits wieder her; von gewaltigster Wirkung auf meine Seele aber ist es gewesen, wenn mein Verhalten die Miene meiner Mutter traurig oder gar kummervoll gestimmt hat.

Nachdem mit dem Schulweg zum Kaiser-Josef-Platz über mein eigenes Wohnviertel hinaus die Stadt selbst zu meinem Erlebnisraum geworden war, und da ich schon von klein auf durch die besondere Aufmerksamkeit, die mein Vater dem Erscheinungsbild eines biedermeierlich-beschaulichen Innenhofs, eines prunkvollen Barock-Treppenhauses zu widmen pflegte (er war auch ein eifriger Amateurphotograph), eine natürliche Aufgeschlossenheit für alles Architektonische gewonnen hatte, begannen die Kirchen und die Häuser der alten Stadt immer mehr die Qualität von Individualitäten für mich anzunehmen, die mir ihre jeweilige Geschichte so eindringlich erzählten, daß ich dadurch viel lebendigere Begriffe von den verschiedenen Stilepochen erhalten habe als durch meine späteren kunsthistorischen Studien. So habe ich bis heute – nun nicht mehr nur in Graz, sondern in Europa verstreut – unter Bauwerken ganz verschiedener Entstehungszeit und Bedeutung geliebte und sehr verehrte Freunde, die für mich nicht weniger wichtig sind als Menschen, ja, die aufzusuchen mir bisweilen so zum Bedürfnis geworden ist, daß ich extra eine Reise unternommen habe, um mich bei diesem oder jenem Gebäude, in diesem oder jenem architektonischen Raum wieder sehen zu lassen und sehr genau auf die Art zu achten, wie ich dann jeweils empfangen wurde: Es ist nämlich immer ein ehrliches Urteil über mich gesprochen worden von ihnen. So haben sie mir ganz unmittelbar geholfen, meine persönliche Entwicklung in der Zwischenzeit unserer Begegnungen richtig einschätzen zu lernen, weil es bei dieser Verständigung ohne Worte Mißverständnisse eben gar nicht geben kann.

Mein Erfahrungsbereich erweiterte sich in der Zeit zwischen meinem sechsten und meinem zehnten Geburtstag also nicht nur um die für mich erst neue Auseinandersetzung mit gleichaltrigen Jungen in der Schule, sondern auch um die Wahrnehmung der seelischen Stimmung längst vergangener Generationen durch den Ausdruck der Gesichter ihrer jeweiligen Bauten. Lange einsame Spaziergänge brachten mir immer neue Entdeckungsfreuden in den Höfen der Häuser um den Schloßberg, in der Sporgasse, in der Hofgasse, im ehemaligen Ghettobezirk, im Kälbernen Viertel, in der Murgasse, in der Sackstraße, und bis heute nehme ich jede kleinste Veränderung des Aussehens einer Fassade, eines Torbogens, einer Fensterumrahmung wahr und fühle mich davon betroffen.

Ist es der Vater gewesen, dem ich den aufgeschlossenen Sinn für die Besonderheit des Ausdrucks von Werken der Baukunst verdanke, vermittelte mir die Mutter wiederum eine Erweiterung meines Horizontes um Einblicke in fremde Städte und ferne Landschaften. An regnerischen Sonntagnachmittagen führte sie mich nämlich gern in eine durchaus seriöse Unterhaltungsstätte: Diese befand sich im Zentrum der Stadt, in der Jungferngasse, und da es damals auch noch mitten in der Herrengasse eine Straßenbahnhaltestelle gegeben hat, haben wir keinen weiten Weg dahin gehabt. Ziemlich am Ende der kurzen Gasse, die wir dann betreten hatten, ragte rechter Hand ein Leuchtschild vor: PANORAMA. Dort hüteten zwei alte Damen das Bilder- und Bildungsheiligtum, das Non-stop-Reisekarussell: Eine saß an der Kassa, die andere wies die Plätze an. Entweder kam man gleich auf einen der Hocker, die unter den Guckgläsern standen und deren Höhe durch runde, bei Belastung – leise seufzend – Luft abpustende Lederpolster individuell reguliert werden konnte (ich durfte etwa vier Jahre hindurch an ihrer abnehmenden Zahl mein Wachstum messen), oder man mußte auf einer der plüschbezogenen Bänke sozusagen antichambrieren, denn der eigentliche Zweck des Besuches erfüllte sich ja doch erst an jener kreisrunden Schirmwand, in die paarweise in regelmäßigen Abständen und in Sitzmenschendurchschnittsaugenhöhe wie bei Operngläsern verstellbare kleine Linsen eingelassen waren. Unter diesen runden Öffnungen (es müssen zwischen fünfzig und sechzig gewesen sein) befand sich jeweils noch eine rechteckige, in der gleichzeitig mit dem Bildwechsel der Beschriftungswechsel stattfand: „Zedern des Libanon“ oder „Marktszene in Skoplje“.

Immer war es still in diesem Zauberraum. Dies, aber auch das regelmäßige Anschlagen eines Glöckchens, womit angezeigt wurde, daß binnen weniger Sekunden das Bild weiterwandern und ein neues herbeieilen würde, nicht zuletzt der nahezu weihevolle

Geruch, gemischt aus dem Staubduft des Purpurplüschs, Fichtennadelgesprüh und Lavendel (die Mehrzahl der Besucher waren ältere Damen): kurz, die gesamte Atmosphäre erinnerte an den Kirchenbesuch am Vormittag. Hilfreiche Hände halfen einem dann empor, sobald ein Hocker freigeworden, die kühle Seite des Kissens nach oben gewendet und man persönlich eingeladen worden war, Platz zu nehmen – und schon befand man sich in Ibiza oder Monaco, in Lourdes oder auf der Via Appia, in Karlsbad oder in Jerusalem (Wallfahrtsstätten jeder Art wurden in den Programmen bevorzugt). Manche schöne Gegend hat sich mir damals unauslöschlich eingeprägt. So habe ich mir große Teile der Welt bis zu dem Tag, da ich den einen oder den anderen selbst betreten habe, absolut grün- oder blaustichig vorgestellt. Die Wirklichkeit hat mich darum auch oft im ersten Augenblick enttäuscht, und nicht einmal die ausgefallensten Sonnenbrillen vermochten es, die platte Natur so künstlerisch zu verfremden wie die handkolorierten Diapositive des Panoramas in der Jungferngasse. Wenn dann der geheimnisvolle, weil versteckte Mechanismus dezent zu schnurren und zu klappern begann: saß dann nicht vielleicht doch noch eine dritte Dame inmitten jenes Runds und betätigte ihn genau nach dem Vorrücken der Zeiger einer feinen, kleinen goldenen Damenuhr mit zart geäderter gepflegter Hand, in der eben noch das Hämmerchen gelegen war, das die Silberstimme der Glocke hervorgeholt hat?

Niemand von uns ist in eine heile Welt hineingeboren worden. Gesunde Kinder aber haben eine heile Seele, wenn nicht allzu heillose Menschen ihrer nächsten Umgebung, denen sie in grenzenlosem Vertrauen hingegeben sind, sie verletzen. So sind sie in der Lage, die Welt in ihren förderlichen, lebendigfarbigen Erscheinungen wahrzunehmen, ja geradezu dazu prädestiniert, sie hinreißend schön zu finden.

Ich habe das Glück gehabt, von den Erwachsenen, die mich in meiner Kindheit umgeben haben, nicht enttäuscht worden zu sein. So schwer sie es miteinander gehabt haben, sie haben mir nie etwas vorgemacht, sie sind mir wahrhaftig begegnet und dadurch redlich geblieben in ihrer Liebe zu mir.

Mochte ich denn auch leiden unter gelegentlich dramatischen Szenen der Auseinandersetzung zwischen ihnen, waren doch alle Radien aus ihrem Umkreis für mich als kleinen Mittelpunkt leuchtende Strahlen der Wärme. Die heile Seele des Kindes aber ist nötig als unzerstörbares Fundament der Fähigkeit, später die Erkenntnis der Zerrissenheit und Abgründigkeit der Welt ertragen zu können und in sie etwas hinüberzuretten von der ein für allemal erfahrenen Möglichkeit der Schönheit und Güte.

6

Hört man in der Rückbesinnung auf das Rauschen des großen Stromes, der unserem Leben die Kontinuität gibt und gerade nicht von einem Bewußtsein erfaßt werden kann, das sich in dem Fadenkreuz des „cogito, ergo sum" gefangen hat, dann läßt sich eine Veränderung erinnern, die sich im Lauf der Zeit zwischen dem Zeitpunkt, da man für reif befunden worden ist, zur Schule zu gehen, und dem zehnten Lebensjahr ereignet haben muß: Die dunkle Tiefe des Rauschens dieses Stromes sank in noch dunklere Tiefen ab, so daß nur noch Stromschnellen der Stille sie manchmal ahnbar machten zwischen zwei Atemzügen des Lebensgefühls, indessen seine Obertöne in einer gewissen Mittellage fast hörbar wurden als Stimmen des Ungewissen, deren heimlicher Gesang uns tief im Glück befestigte, den Menschen, denen wir anvertraut waren, rechtens vertrauen und die Welt als verläßlich in ihrer Räumlichkeit erleben zu dürfen.

Indes wir selbst leiblich an Volumen zunehmen, sehnt die Seele sich nach umso weiterer Ausdehnung durch den Genuß des Anblicks immer neuer Räume der Erde, stets bereit zum Staunen und zur Bewunderung und ist dankbar für jedes neue Bild, in das sie eintauchen darf in richtiger Weise: Ruhen im Bild, das möchten wir dürfen. Ein ganz neues Vermögen erwacht in uns, Schilderungen aus anderen Ländern aufzunehmen, ja selbst Geschichtliches, also Geschehenes in Zeitabläufen, wird für unsere immer stärker werdende Vorstellungskraft räumlich anschaubar. Und noch sind wir von allem, was wir sehen oder hören, nicht so getrennt, daß wir uns nicht selbst darin erleben, so daß uns alle Außengegenstände inständig werden und uns dadurch unsere unaussprechbare inständige Bitte an die Welt, uns aufgehen zu lassen in ihr, erfüllt wird wie sonst nur dem Dichter, wenn er sagt, daß er erlebt habe, wie die Vögel durch ihn hindurchgeflogen seien, oder dem Mystiker, wenn er im Brunnenschacht des eigenen Selbst selbstvergessen der ganzen Welt innegeworden ist.

Hatte der Knabe durch die Reisebilder des Panoramas in der Jungferngasse in heiterer Erinnerung bleibende Eindrücke von fremden Städten und Ländern durch äußere Anschauung gewonnen – die jeweils lang genug verweilenden „stehenden" Bilder erlaubten ruhige Betrachtung aller Einzelheiten, als ginge man selbst zwischen ihnen umher –, regte ein Buch unter all den verschiedenen, die ihm bekannt geworden waren, seit er zu lesen begonnen hatte, mehr als alle anderen seine Phantasie an. Es hieß „Liu-Pa-Yo" – im Untertitel „Der Sohn der Wölfin" – und enthielt, typisch für Jugendbücher der Weltausstellungsepoche des vergangenen Jahrhunderts (mein Vater hatte es wohl in einem ähnlichen Lebensalter geschenkt bekommen wie nun ich), im Rahmen einer primitiv-tendenziösen Handlung sehr viele belehrende Einblicke in die Kulturgeschichte und die zu jener

Zeit noch herrschenden Sitten und Bräuche des kaiserlichen Chinas (trocken und eher von oben herab dargebracht, wie ich viel später zu meiner Verwunderung festgestellt habe). Dem Neunjährigen entfaltete sich daraus aber eine berauschende Fülle innerer Anschauung von so reizender Art, daß er auf abendlichen Wegen durch den Stadtpark zierlich trippelnden Damen und langbezopften Herren in seidenen Gewändern, deren Drachen- oder Lotosblumenornamente im Licht hauchdünner Papierlaternen an Bambusstöcken aufglänzten, zu begegnen wähnte, während er darauf achten mußte, energisch sich ihren Weg bahnenden Sänftenträgern auszuweichen; das bereits im Hintergrund auftauchende Paulustor ist ihm dann als Tor zur „Verbotenen Stadt" mit geschweiften Dächern erschienen.

Ich habe das Buch „Liu-Pa-Yo" zwischen meinem zehnten und meinem zwölften Jahr wohl zwanzigmal gelesen – meist bäuchlings auf dem Diwan in der Küche liegend, des öfteren dazu auch aus einem Porzellanschälchen vor unserem gemeinsamen Mittagessen eine kleine Portion gedünsteten Reis ohne alles essend – und nicht nur unzählige Bilder mit glöckchenbehängten Pagoden und hölzernen Tempeln mit hochgeschürzten Dachecken (als hätte sie ein Puppenspieler an Fäden hängend nur gerade für eine Szene heruntergelassen) gezeichnet, sondern sogar mit meinem feinsten Aquarellierpinsel – von einem Stück echter chinesischer Tusche, das mir heilig war, weil es mir mit seinen eingravierten und vergoldeten Schriftzeichen unsagbar kostbar, für Graz ganz einmalig und darum unersetzlich vorkam, nur höchst sparsam Gebrauch machend – immer wieder die einzige mir zugängliche Vorlage aufs sorgfältigste kopiert: das Vaterunser in chinesischer Schrift.

Traumwelt und Wachwelt fließen für das Kind unmerklich zusammen, wie auch Ich und Welt bei ihm noch nicht deutlich voneinander geschieden sind. So wurde dem Knaben das Stadttor in Graz zum Stadttor von Peking, ohne daß er etwas dazutun mußte und ohne daß es ihn aber auch nur für einen Augenblick in seinem Bewußtsein irritiert hätte, daß es soundso spät sei und er sich auf dem Weg nach Hause zum Lendplatz befinde. Und so war auch der Unterschied zwischen Begegnungen mit Personen und ihren Geschichten in Büchern und Begegnungen mit Personen und ihren Erzählungen in der Wirklichkeit für mich bis zu meinem zwölften oder dreizehnten Lebensjahr nicht allzugroß. Darum erscheint mir heute das Neuauftreten einer bestimmten Persönlichkeit in unserem engsten Personenverband – die jüngere Schwester meiner Mutter, Tante Hilda, hatte uns gerade wegen einer Anstellung in einer entlegenen oststeirischen Ortschaft verlassen, ein Dienstmädchen war noch nicht zu Hilfe geholt worden – eher „erlesen" als erlebt:

Eines Morgens stand ein fremder, armer, alter Mann in einem Anzug aus schwerem, dunkelblauem Tuch, den er schon sehr lange getragen zu haben schien und der ihm zu weit geworden war, in unserer Tür und wollte meine Mutter sprechen. Er war groß und hager, und als er nun, da er meine Mutter aus der Küche kommen sah, den Hut zog – einen fremdländisch-großkrempigen aus dunkelblauem Filz –, zeigte sich ein glänzend-weißer Glatzkopf, den nur in Schläfenhöhe noch ein grauer Haarkranz zierte.

Bettler an unserer Tür waren in jener Zeit nichts Seltenes. Der aber, der nun da stand, wirkte eher wie ein Herr. Und als er zu sprechen begann, klang sein Deutsch fremdartiger, als seine Erscheinung es schon war: Er sei soeben und für immer aus den Staaten wiedergekommen, besitze nichts, als was er anhabe und in seinem Koffer bei sich trage, und bitte um Unterschlupf für ein paar Tage. Er sei der alte John, früher der Johann eben, Johann Petschauer aus Studenitz. Ob sich die Frau (er meinte meine Mutter damit) an ihn nicht mehr erinnere, da sei sie freilich noch ein kleines Mädel gewesen und er ein fescher junger Mann mit Zylinderhut und Glacéhandschuhen und habe bei ihrem Herrn Papa als Kutscher gedient.

Mehr hat er nicht sagen müssen: Da ist er auch schon in Kost und Logis bei uns gewesen, ein Gast, der kaum mehr als sein Lager in unserem dunklen, kleinen Vorzimmer beanspruchte und Brot und Malzkaffee, weil er tagsüber meist unterwegs war auf der Suche nach Arbeit. Genoß er aber dann und wann die Wärme unserer Wohnung, hielt er sich bescheiden im Hintergrund, ging der Großmutter zur Hand, wenn es not war, oder führte allerlei kleine Reparaturen aus (er schien von jedem Handwerk etwas zu verstehen); nach und nach erzählte er mir dabei die Geschichte seines Lebens. Wenn er sich dabei manchmal zu Berichten von Erlebnissen hinreißen ließ, deren Mitteilung ihm selbst zu gewagt für die Ohren eines kleinen Jungen vorgekommen sein mußte, schob er jedesmal in beschwichtigendem Tonfall den Satz: „Der Rudi gebt da nix drauf“ ein, halb als Frage, halb als Hoffnung mehr zu sich selbst als zu mir gesprochen.

Er erzählte mit vollem Einsatz aller ihm zu Gebote stehenden rhetorischen und mimischen Mittel. Seine Sprache – richtig konnte er keine: weder Slowenisch noch Deutsch oder Englisch – entsprang jeweils unmittelbar der Situation, die er gerade erinnerte, und war – vielleicht, weil er es nie gelernt hatte, zu schreiben (selbst seine Unterschrift erteilte er in Form von drei Kreuzchen) – so griffig und durch ihre ihr ganz und gar eigentümlichen Unvollkommenheiten so prall voll Lebenswahrheit, daß jeder ihm ganz und gar hingegeben zuhörte. So bannend seine Erzählweise gewesen ist, lohnte es sich doch kaum, den Inhalt seiner Geschichten ausführlicher wiederzugeben, da sie als typisch gelten dürfen für Ausgewanderte seiner Klasse und uns dem jeweiligen Szenarium wie den verschiedenen Rollen nach aus Werken der Klassiker eben jenes Genres bekannt sind: So war er erst als „Deutscher Lausbub in Amerika“ ins Milieu der Tellerwäscher und Hoteldiener geraten (da seien ihm die Weiber des Personals zu aufsässig geworden), dann als Kutscher der Pferdetramway einer Kleinstadt im Mittelwesten tätig gewesen (dort habe er das Weite gesucht, als ihm eines Nachmittags der alte Gaul „auf der Strecke“ geblieben war), danach als „Abenteurer des Schienenstrangs“ irgendwo westlich vom Michigansee beim Eisenbahnbau gelandet (da sei er nach einem Racheakt an boshaften Kollegen, die ihm in seine Feldflasche gepinkelt hätten und die er samt der Lore, mit der sie jeden Morgen zu ihrem Arbeitsplatz hinunterzurollen pflegten, durch nächtlich-heimliche Weichenstellung in eine Abfallgrube gekippt hatte, auf der Flucht tagelang durch den Urwald geirrt) und schließlich, nachdem er als Besitzer einer Hühnerfarm Pleite gemacht hatte, als selbständiger Gärtner doch noch zu solchem Wohlstand gediehen, daß er sich aus der alten Heimat eine junge Frau hatte nachkommen lassen können. Als ihm nach fünfzehnjähriger Ehe aber immer klarer geworden war, daß sie ihn zu mißachten begonnen hatte, und wie sie dann noch die drei Kinder gegen ihn aufgehetzt hatte, ist er eben eines Tages fortgegangen, ohne ein Wort zu verlieren und ohne auch nur einen Dollar mehr eingesteckt zu haben als nötig, um die Kosten der Reise zu decken: Nun wolle er seine letzten Lebensjahre in der alten Heimat allein, unangetastet in seiner Manneswürde verbringen – für seinen Lebensunterhalt könne er immer noch selbst aufkommen.

Dies gelang ihm auch bald. Eines Tages verabschiedete er sich von uns, um auf dem Land als Vertreter irgendwelcher neupatentierter Sä- oder Setzapparate sein Glück zu versuchen, und kam nur gelegentlich einmal wieder bei uns vorbei, nach dem Heu seiner Übernachtungsstätten duftend, durchaus zufrieden mit seinem Schicksal. Winterüber fand er auf diesem oder jenem Gut Verwendung als Fensterverglaser oder Flickschuster. In freien Stunden mochte er dann wohl bisweilen seine seltsam kleinlinsige Halbbrille aufsetzen und sich aus einer alten Zeitung merkwürdige Geschichten zusammenbuchstabieren: Konnte er auch nicht schreiben, lesen konnte er, wenn auch nur mühselig und unter Zuhilfenahme einiger Phantasie, doch. Was er mir manchmal vorgelesen hat, war wiederum meistens nur mit Hilfe einschlägiger Vermutungen zu erraten. Stand er dann aber auf und ging, und sah ich ihm vom Fenster aus nach: Da hatte im Freien sein Schritt das Maß einer anderen Weite als der Schritt aller Menschen sonst, die ich kannte, und in der gesamten Haltung dieses mir lieb gewordenen Gastes lag ein fast herrscherlicher Ausdruck von Freiheit und Stolz. So mag er nun auch meinen Erinnerungen entschreiten.

Für den Knaben sind alle Erfahrungen des Räumlichen der Welt mit einem Glücksgefühl verbunden gewesen. Nun hatte er durch ein Buch, also über die Schrift, Kunde bekommen von dem Fernen Osten und durch einen der Schrift unkundigen Menschen über das aus dessen Erinnerungen spontan sich plastizierende, ausgesprochene Wort von dem Fernen Westen. Beide Enden der Welt waren für ihn erfüllt von atmosphärischen Qualitäten, die sich in seiner Seele durchaus weiter intensivierten und sich viele Jahre später, als aus ihm ein Mann geworden war, der sich dem Wort und der Schrift verpflichtet hatte, in Gedichten niederschlugen, die wiederum Kindern zugedacht gewesen sind. Die Erfahrung des Zeitlichen war ihm bis zu seinem zehnten Lebensjahr noch kaum bewußt geworden.

Deshalb wohl liegen für meine Erinnerung die Erlebnisse meiner Kindheit davor wie räumlich um mich herum angeordnet, vergleichbar den zwölf „absoluten Lü", den Fundamentaltönen des altchinesischen Musiksystems, die man sich als qualitativ genau unterscheidbare Elemente der Weltenmusik auf *einer* Ebene um sich herum im Kreis gelagert vorstellen muß und die erst, wie Arnold Schönberg es einmal für sein neues Zwölftonsystem ausgedrückt hat, „umgeklappt werden müssen in die Zeit“, um die für den Musiker brauchbaren und den Hörer unterscheidbaren zwölf Töne unserer chromatischen Skala zu ergeben. Dieses Ereignis stand für mich damals noch aus.

7

Alles Räumliche ist uns von Anfang an vertraut. Seine Dimensionen ergeben sich aus unserer eigenen Raumverdrängung schon vom Mutterleib an. Das Wesen der Zeit wird für uns aber erst von dem Augenblick an erfahrbar, da wir uns unserer Ichheit bewußt werden durch eine Intuition, deren Blitz von uns meist gar nicht bemerkt wird, weil er sich in absoluter Lautlosigkeit ereignet: Der Donner rollt dann umso länger aus – unser ganzes Leben lang. Diese Intuition ist so überwältigend, daß wir ihrer Folgen erst nach und nach gewahr werden, also als räumliche Wesen im Raum eine Rolle spielen, in diesem Prozeß aufwachen zu den Gesetzen der mit unseren Augen wahrgenommenen Raumeswelt, bis wir angesichts der Verkürzungen des Hintereinander im Raum nach Erkenntnis der Gesetze der Perspektive lechzen, die ja nichts anderes ist als die Projektion des Zeitlichen in das Räumliche: Was ferner liegt, erscheint uns kleiner: Der Fluchtpunkt ist ein Zukunftspunkt, den wir, eifrig gehend, zu erreichen hoffen, indessen wir meinen, selbst ohne wesentliche Veränderung zu bleiben, nicht bedenkend, daß die Zeit uns andere werden läßt in unserer Bewegung von einem Punkt des Raumes zum anderen. – Dem

Knaben war nichts lieber gewesen als die Erfahrung immer neuer Räume. Raumgenossenschaft ist leicht und lustvoll; Zeitgenossenschaft ist schwer und verursacht Schmerzen.

Als meine Mutter im Jahre 1911 mit ihrer Mutter aus Studenitz nach Graz gekommen war, hatte sie als erstes dafür gesorgt, daß ihre kleinere Schwester aus dem Kloster in Eggenberg, in dem sie für die aufregende Zeit der Gerichtsverhandlungen um das Familienvermögen untergebracht worden war, wieder in ihre Obhut kam. Sie handelte ganz aus eigenem Entschluß, da ihre Mutter, nach dem Tod ihres Mannes in ihrem Vertrauen zu den Mitmenschen, die an ihre Hilfsbereitschaft appelliert hatten, aufs bitterste getäuscht, wie betäubt kaum Anteil zu nehmen in der Lage war an den Ereignissen, die nun über sie hereinstürzten. Hilda, damals zwölf Jahre alt, sollte – der Meinung meiner Mutter nach – nicht allzu beschränkenden, einseitigen Einflüssen ausgesetzt bleiben, sondern in offenem Verkehr der Welt heranwachsen können und zugleich eine möglichst vielseitige Schulbildung erhalten. Dies hat sich dann auch verwirklichen lassen. Hilda war ihrer Schwester zeit ihres Lebens dankbar dafür, daß diese an Mutterstelle die Verantwortung für sie übernommen hatte, wenn sie ihr auch – sich in einer späteren Entwicklungsphase wie eine Tochter von ihrer Mutter von ihr ablösend – durch unbarmherzige Kritik und ungerechtfertigte Vorwürfe als der eben doch nur um fünf Jahre älteren Schwester womöglich noch ärgere Schmerzen bereiten mußte, als sonst Töchter sie ihren Müttern zuzufügen pflegen. So stellte sie sich, als mein Vater die Szene betreten hatte, demonstrativ zu den noch schlimmer Erniedrigten und Beleidigten (sie hatte damals ihre Dostojewskij-Epoche), als wir selber es im Grunde schon waren, debattierte auf den Bänken des Volksgartens stundenlang mit stellenlosen Arbeitern und provozierte das schwesterliche Duldungsvermögen durch fallweise, immer unvermutet einschlagende Vorstellungen von „Verlobten", deren äußere Erscheinung nicht immer vertrauenerweckend und deren Reden nur selten nicht revolutionsschwanger waren. Meine Mutter zeigte sich den diversen künftigen Schwägern gegenüber aber bald so heiter-aufgeschlossen, daß sie allmählich ausblieben.

Zu mir hatte Tante Hilda von Anfang an eine ungemein innige Beziehung. Mit nicht geringerer Sorgfalt und Liebe als meine Mutter übernahm sie mir gegenüber alle Pflichten, die diese ob ihrer Berufstätigkeit nicht leisten konnte, und bald war sie mir lieb wie eine große Schwester. Im Spiel mit mir vergaß sie all ihren Groll gegen Gott und Welt; und wandelte sie manchmal dennoch der Zorn über die gesellschaftlichen Mißstände an, denen sie nicht ohne Grund unsere eigenen Schwierigkeiten zuschrieb, wußte ich bald einen herandräuenden Temperamentsausbruch ihrerseits (so klein und zierlich sie von Gestalt war, so fürchterliche Ausmaße konnte er annehmen!) abzuwenden, indem ich sie durch irgendeinen regelrecht inszenierten komischen Auftritt meist noch rechtzeitig ablenkte.

Tante Hilda war es, die in mir ein erstes Verständnis für die Lage des Proletariats geweckt hat, dem sie sich schon aus ihrem Rechtsgefühl heraus verbunden fühlte. Sie hatte sich damals der Arbeiterbewegung aus voller Überzeugung angeschlossen und verfocht ihre Belange mit ganzer Seele. So gewann nun auch die Bevölkerung der Wienerstraße meine Sympathie, ohne daß mir die eher in biedermeierlicher Bescheidenheit und sanfter Friedfertigkeit lebenden Menschen auf der fast noch ländlich geprägten Am-Damm-Seite unseres Häuserensembles nicht doch noch lieber gewesen wären, zu denen meine Großmutter durch ihre Art, das Leben zu nehmen, mir den natürlichsten Zugang bereitet hatte, ohne es zu wissen.

Als Tante Hilda nach einem etwa einjährigen Aufenthalt in Ratten, wo sie in einer Hoteliersfamilie die Stelle eines Kindermädchens angenommen hatte, zu uns zurückgekehrt war, erschien bald ein blonder, hochgewachsener, wohl knapp dreißigjähriger Mann bei uns, der durch seine aufrechte Haltung, seinen wachen und zugleich warmherzigen Blick und durch die Klugheit seiner Hände (es war ein Genuß zuzusehen, wie er ein Werkzeug – oder ein Buch – „handhabte") sofort mehr als nur meine Aufmerksamkeit auf sich zog. Um ihn war eine Aura von Freiheit, die mich an den alten John Petschauer erinnerte. Er war der Ausbildung nach Techniker, durch die Zeitsituation aber genötigt gewesen, seinen Lebensunterhalt als Forstarbeiter zu verdienen. Das Leben fern von aller Zivilisation hatte ihn (wie seinerzeit den alten John) gehärtet und frei gemacht. Er war über ein Jahr lang kaum mit Menschen in Berührung gekommen und hatte so ungestörte Stunden genug gehabt, alles Erfahrene und Gelesene innerlich aufzuarbeiten. Und als er gerade Sehnsucht in sich habe aufkommen fühlen, seine Gedanken mit jemandem auszutauschen, da habe er im Gasthof von

Ratten die Hilda kennengelernt. Von da an sei er jede Woche einmal von seinen Bergen zu ihr hinuntergestiegen.

Das war nun ein anderer Mann als die, die Tante Hilda vormals als Bürgerschreck ins Haus gebracht hatte. Mein Vater verhielt sich ihm gegenüber zwar auch nur sehr reserviert, meine Mutter aber konnte schon verstehen, daß ihre jüngere Schwester diesen Mann mochte; sie machte sich allerdings Sorgen um sie: Beide waren arbeitslos. So hatte sie ihnen von einer Heirat abgeraten. Fritz Salfer aber äußerte sich dazu gar nicht. Er ging und kam nach eigenem Gesetz. – Ich habe in ihm den ersten großen Freund meines Lebens gefunden. Er brachte mir alles bei, was mein Vater mir nicht hätte beibringen können: wild durch Wälder zu pirschen, im Februar den ersten blühenden Seidelbast zu finden, im August auf der Raachinsel in reißenden Rinnsalen der Mur ohne Angst zu baden, da er mich mit seinen klugen und festen Händen hielt, im Januar furchtlos auf kleinem Rodelschlitten mit ihm Hohlwege niederzusausen im Rosenhain oder steile Hänge am Ruckerlberg. Nie gab er Belehrungen von sich; er redete überhaupt nicht viel. Er kam, und immer wußte er auch schon, was wir unternehmen würden. Tante Hilda hatte im Haus zu tun; sie hat es immer gern gesehen, wenn wir zwei zu unseren Abenteuerzügen aufbrachen. Und mir haben sie gutgetan. Ich bin durch sie mit der Welt auf eine handfestere Art in Kontakt gekommen als durch die halb noch traumhafte Erweiterung meiner Erfahrungen ihrer Raumqualität durch Bilder oder Erzählungen.

Das Umklappen des Raumes in die Zeit, von dem

Arnold Schönberg im Zusammenhang mit der Verwirklichung seines Zwölftonsystems gesprochen hat, ließ nun auch nicht mehr lange auf sich warten. Es ist für mich – wenn nicht gerade durch ein musikalisches, so doch durch ein akustisches Signal ausgelöst worden: durch einen Schuß.

Dieser Schuß fiel am Frühnachmittag eines sonnig-vorfrühlingshaften Februartages des Jahres 1934 (ich war gerade zu einem Besuch meiner Großmutter auf dem Dietrichsteinplatz aufgebrochen) und hinderte mich erst einmal am Weitergehen. Ja, ein Schuß war gefallen; das Geschoß war irgendwo hinter mir an etwas abgeprallt und hoch singend an meinem linken Ohr vorbeigeflogen. Nun stand ich da, keineswegs in Angst, sondern einfach neugierig. Da trat auch schon aus einer Hofeinfahrt schräg gegenüber ein Mann. Er trug mit beiden Händen ein Gewehr vor sich her, blickte nach links und rechts und begann dann, die Wienerstraße hinaufzulaufen. Außer ihm war weit und breit kein Mensch zu sehen. Im Hof drüben rumorten Betrunkene. Das war dort nichts Außergewöhnliches. Ich hörte sie drohend unverständliche Parolen ausrufen. Da ging ich doch lieber weiter. Plötzlich kam aus der Keplerstraße ein Lastauto mit Soldaten vorgefahren. Mitten auf dem Lendplatz sprangen sie ab. Sie luden Gewehre aus, die sie zu Pyramiden zusammenstellten. Alles wirkte nicht anders auf mich als sonst die Feuerwehrübungen; so blieb ich nicht lange stehen. Auf der Hauptbrücke standen Polizeimänner. Einer von ihnen fragte mich, woher ich käme und wohin ich wollte. Als ich schließlich am Dietrichsteinplatz angekommen war, wurde ich von meinen Onkeln bestaunt wie ein Held: Bei *den* Zuständen sei ich durch die Stadt gegangen? – „Wieso hat ihm denn keiner gesagt, was los ist?“ – Ob ich denn nicht wisse, daß die „Kommunisten“ am Kalvariengürtel mit Maschinengewehren von den Dächern der Gemeindehäuser schössen und jeden Augenblick der Bürgerkrieg in ganz Graz ausbrechen könne? – Die Großmutter stellte wieder Ruhe her: „Gott sei Dank ist ihm nichts passiert, das ist die Hauptsache!“ Und sie spielte Halma mit mir, bis mein Vater kam und mich heimbrachte.

Nachts wurde es im Norden der Stadt sehr unruhig. Zahlreiche Schüsse fielen. Gegen Morgen hörte man Maschinengewehre rattern. Wir beugten uns aus den Fenstern, konnten von unserem Standort aus aber nichts sehen. Tante Hilda war sehr aufgeregt. Sie sprach von der heiligen Notwendigkeit des Kampfes der Arbeiter und bekannte sich zu Koloman Wallisch, der sein Leben für die Sache der ewig Entrechteten und Ausgebeuteten einsetze: Er müsse siegen. – Nun hatte am Tag zuvor die sachliche Ausstrahlung der Disziplin bei Polizisten und Soldaten einen besseren Eindruck bei mir hinterlassen als der desolat wirkende, kreuz und quer schießende Mann, den ich ja auch mit eigenen Augen gesehen hatte: Schließlich rücke bei drohenden Großbränden doch auch die gesamte Feuerwehr aus, um die Stadt vor Zerstörung zu bewahren. Mit solcher Einstellung konnte ich meine geliebte Tante Hilda nur vollends auf die Barrikaden treiben – und zu meiner Bestürzung: Sie stürmte tatsächlich zur Tür hinaus, um am Kampf der „Brüder und Schwestern“ teilzunehmen. Ich hatte wirklich Angst um sie. Und ich bewunderte zugleich ihren unbändigen Willen, sich für eine Sache, die sie für gut befunden hatte, hinzuopfern.

Ein paar Tage später, als die Nachricht durchs Radio kam, daß Koloman Wallisch in Leoben gehenkt worden sei, habe ich mit ihr zusammen geweint. Erst Jahrzehnte danach habe ich gelesen, welchen die Gefühle Tante Hildas sehr genau ausdrückenden Nachruf Anna Seghers ihm gewidmet hat.

Der Schuß aus dem Hinterhalt hatte mir nicht gegolten. Er hat mich im übertragenen Sinn aber doch getroffen. Er hat mich erstmals meiner Zeitgenossenschaft innewerden lassen. Ich und Welt waren für mich nun getrennt worden. Die Augen wurden mir aufgetan. Mein Blick ist von da an immer klarer geworden. Die Trennung aber tat weh.

8

Dem Kind ist das Jahr lang: Seine Geheimnisse und seine Offenbarungen geben ihm einen Hintergrund eher von Ewigkeit als von Meßbarkeit. Bevor die mechanischen Uhren die Zeit säkularisiert haben, müssen die Menschen ihr ganzes Leben lang vor dem Goldgrund der immer wieder sich rundenden Fest- und Fastenzeiten des Kirchenjahres, vielmehr in Jahresringen gereift als nur so vor sich hingealtert sein zwischen Jubiläen, hinter denen nichts weiter steckt als der willkürliche Bezug zu dem Normalmetermaß der Zeit, dem ein Vierteljahrhundert oder ein halbes leichter abgelesen werden kann als einer jeweils persönlichen Erfahrung die lebenswirklichen Abschnitte der davon unabhängigen Erreichnisse oder die Wandlungsmomente tieferer Strömung, von denen uns freilich nur Stimmen des Ungewissen Kunde geben, so daß wir uns mitten im Leben bisweilen umdrehen wie Träumende im Schlaf. Zwischen diesen beiden Zeitabläufen, dem kanalisierten Abfluß der Sekunden und dem Strom der uns durch unser ganzes Leben tragenden Zeit in seinem Aufbranden an Klippen oder Brückenpfeilern, mit seinen reißenden Rinnsalen und stagnierenden Untiefen oder in seinem saumseligen Mäandrieren zwischen den hängenden

Zweigen alter Weiden und unter den schillernden Nadeln auf der Stelle schwirrrend-schwebender Libellen, hasten wir entweder von Termin zu Termin oder träumen uns in die große Musik jenseits des Zeigersprungs unserer Normaluhren hinein.

Noch einmal besonders erfaßt von der traumnahen Tiefenströmung wurde der Knabe, als er am Karfreitag des Jahres 1934 nachmittags am Turm des Mausoleums vorbeikam und dort die Tür angelehnt sah, die sonst immer fest verschlossen gewesen war, wenn er versucht hatte, sie zu öffnen. Mit dem Gefühl, etwas Verbotenes zu tun, drang er nun ein und stieg die enge Treppe hinab. Kein Mensch war im dämmrigen Gruftraum. Totenstill war es – und Tote lagen auch da ausgestreckt auf dem Sarkophag: In rötlichem Marmor abgebildet ein herzogliches Paar. Tiefer erschauernd stand er dann vor den kaiserlichen Herzen, die ihm in ihren Urnen zu schlagen schienen: nicht im Zeitmaß unserer Uhren, sondern im Metrum eines saturnhaft langsamen Pulsschlags. In diesem Pulsschlag wurde dem Knaben der große Gang der Geschichte als ein in seiner Dauer um viele Oktaven tiefer versetztes Kirchenjahr ahnbar, und diese Ahnung verpflichtete ihn bereits zum Antritt des schweren kaiserlichen Erbes, als sollte er es wie ein später Sohn erwerben, um das, was einst ein irdisches Imperium gewesen war unter dem allgegenwärtigen Thron der Heiligen Dreifaltigkeit, zu verwandeln in etwas ganz und gar Innerliches. – Worin dies genau bestehen und wodurch es sich als fruchtbar für die Welt erweisen sollte, blieb ungewiß; plötzlich packte ihn nämlich die Angst, jemand könnte ihm oben die

Tür verschlossen haben; nun würde hier unten unter dem still-dröhnenden Pulsieren der Herzen in ihren silbernen Behältern sein eigenes Herz in seiner Brust zu schlagen aufhören. – Wie habe ich aufgeatmet, als ich oben unters milde Licht der Nachmittagssonne trat.

Das Bild von der Heiligen Dreifaltigkeit war mir nicht von ungefähr in den Sinn gekommen, als ich in der Gruft der Herrscher den Anhauch abgelebter Zeiten als Mahnung, ein unbegreiflich schweres Erbe anzutreten, wahrgenommen habe. Mein Vater hatte mir zuvor auf unserem gemeinsamen Gang zu den Heiligen Gräbern an der Südwestwand der Domkirche ein Fresko gezeigt, das damals wohl noch besser erhalten war, als es mir in seinem heutigen Zustand erscheint: das Landplagenbild. Dort war ja dargestellt, wie um 1480 die Steiermark von Heuschrecken, Krieg und Pest heimgesucht wurde unter den Augen der obwaltenden Dreifaltigkeit und ihren kirchlichen und weltlichen Vertretern – also nicht etwa heillos Naturkatastrophen und Kriegsgreueln wie schrecklichen Zufällen ausgesetzt, sondern gleichsam schweren Prüfungen, deren Ausgang einer tieferen Lebensauffassung förderlich sein würde, unterzogen. Krankheit, Hunger, Folterqualen und Tod waren damit einer höheren, letztlich gütigen Ordnung unterstellt, was ihre Bitterkeit nicht minderte und so auch die Muttergottes selbst zur Fürsprache bewegte, ihnen aber nicht den Aspekt der Sinnhaftigkeit raubte.

Noch war die taktvoll-zart angelegte Religiosität des Knaben nicht angetastet von Zweifeln an solcher Heilsgewißheit. Als aber zwischen dem Februar 1934 und dem März 1938 das Staatsklima in Österreich immer tiefer in die Verstrickung mit einem allzu deutlich zur Schau getragenen Frömmlertum geriet und er sich durch Schulverordnung zu pünktlichem sonntäglichen Besuch der heiligen Messe in der Dreifaltigkeitskirche am Schloßbergplatz verpflichtet sah, überzog bald ein Schleier von Ironie, ja schließlich von Zynismus das Gemüt des Heranwachsenden, wie ihm allenthalben Verrat zu geschehen schien am großen Erbe, dessen er sich bei seinem – von ihm als tiefstes Geheimnis gewahrten – Besuch der kaiserlichen Begräbnisstätte bewußt geworden war, durch die immer schauriger auffallenden Provinzialismen des Hahnenschwanzler-Patriotismus, aber auch der nationalsozialistischen Machenschaften, ob es sich um die Narzissen (!) handelte, die man uns ahnungslosen Schuljungen am Morgen des 20. April 1934 auf dem Kaiser-Josef-Platz vor dem Schultor ins Knopfloch steckte (unser Klassenlehrer hat sie alle brav einzeln eingesammelt und das Sträußchen in ein Glas Wasser getan und dieses aufs Fensterbrett gestellt als entpolitisierten Frühlingsblumengruß), oder um die später mehrmals durch Böller aus den Fugen gesprengte Telephonzelle am Rechbauerhäuschen oder um Veranstaltungen des Allgemeinen Deutschen Turnvereins oder öffentliche Singabende voll dümmlichster Stimmungsmache. Die fragwürdige „Witzigkeit" solcher Umtriebe schlug aber nicht nur für mein Empfinden in finsterste Abgründigkeit um, als man am 25. Juli dieses Landplagenjahres unter der Zeugenschaft aller Radiohörer einen Menschen im Bundeskanzleramt verbluten ließ, egal, was man von ihm als Bundeskanzler gehalten haben mag.

Auch die allernächste menschliche Umwelt zu Hause war für mich ärmer geworden: Tante Hilda und Onkel Fritz hatten geheiratet und wohnten nun irgendwo draußen in Eggenberg. Neue Kameraden entschädigten mich nur unzureichend für diesen Verlust: Seit September 1934 besuchte ich das 2. Bundesrealgymnasium für Knaben in der Pestalozzistraße. Ich bin nie ungern zur Schule gegangen; sie hat mich in meiner Entwicklung bis zu meinem zwölften oder dreizehnten Jahr auch nie gestört. Der gesellschaftliche Umgang, den sie mir bot, war mir nicht unangenehm, die Forderungen, die sie an mich stellte, haben mir keine Schwierigkeiten bereitet. Mit den „Landplagen" änderte sich aber auch das Schulklima; es verlor an Unbefangenheit, an der sauberen Luft, die wir genossen hatten, solange die Pflege unserer Fähigkeiten und die Vermittlung von Wissen noch frei von weltanschaulichen Tendenzen tagespolitischer Engstirnigkeit geblieben waren. So beschränkte sich mein Heimatgefühl in ihr auf einen immer kleiner werdenden Kreis von Professoren und von verläßlichen gleichaltrigen Freunden.

Aber nicht nur in unserer Am-Damm-Wohnung war meine menschliche Umgebung ärmer geworden: Nach dem Tod der Mutter meines Vaters hatte sich auch die Wohnung am Dietrichsteinplatz für mich in eine Flucht leerer, fremder, kalter Zimmer mit sinnlosen Türen und lichtlosen Fenstern verwandelt. Ein unvermuteter und darum unvergessener Trost wurde mir da von Onkel Othmar, dem scheuesten und stillsten der Brüder meines Vaters, zuteil, als er sich in seinem weißen Arztmantel aus seinem Praxisraum, den er sich in der immer geräumiger gewordenen

Wohnung – außer ihm lebten darin nur noch seine beiden jüngsten Geschwister – eingerichtet hatte, plötzlich zu mir ins kleine Zimmer hinter der Küche begab, sich zu mir setzte und dort auf einmal – wie zuvor immer meine Großmutter – Maschanskeräpfel zu schälen, zu vierteln und vom Kerngehäuse zu säubern begann, um sie mir Stück für Stück zuzuschieben. Als dann auch noch Tante Martha bei dem nun so zusammengeschrumpften Haushalt immer mehr Zeit fand, mit mir zu spielen, belebte und erwärmte sich die Dietrichsteinplatzwohnung glücklicherweise doch wieder für mich, indessen zu Hause am Lendplatz die Mutter meiner Mutter Jahr um Jahr stiller und unauffälliger wurde, bis sie eines Nachts für immer entschlief, ohne unseren Schlaf zu stören, wie es ihrer Bescheidenheit und Anspruchslosigkeit in der rührendsten Weise entsprochen hat.

Dem nunmehr Dreizehnjährigen hatte sich die Szene also durchaus gewandelt; in seinem engsten wie in seinem weiteren Umkreis mehrten sich die Zeichen böser Vorbedeutung.

Als er eines Nachts in der Küche Licht anknipste, fand er zu seinem Erschrecken die ganze Tischplatte voll von Käfern mit gelbbraunen Flügeldecken. An seinen bloßen Füßen vorbei huschten sie nun blitzschnell, dabei ein unangenehm zischelndes Geräusch verursachend, in die Holzablage unter dem Küchenherd und zwängten sich dort in einer schaurigwiderwärtigen Weise jeweils zu mehreren übereinander flachgepreßt in die Ritzen zwischen den Dielenbrettern, ein lichtscheues Gesindel ekelerregendster Art. Der nächtliche Spuk war wochenlang nicht zu bannen. Kein Mittel wollte gegen diese braunen Bataillone wirken; so plötzlich aber, wie sie uns überfallen hatten, waren sie eines Morgens samt und sonders verschwunden.

Anders als dieses Entsetzenserlebnis nur auf meine Mutter und mich wirkte bald darauf – im Jänner 1938 – das ungeheure, unheimliche rote Nordlicht, das stundenlang den Nachthimmel überflammt und nahezu die gesamte Bevölkerung der Stadt aus ihren Häusern gelockt hatte, auf viele Menschen als Zeichen übler Vorbedeutung. Für mich lag in solchem Aberglauben ein mir durchaus begreiflicher Rest eines Glaubens, der zwischen irdischen Ereignissen und Himmelserscheinungen einen ganz selbstverständlichen Zusammenhang gesehen hatte; das Bild der Heiligen Dreifaltigkeit über den Landplagen aber war in mir entschieden verblaßt. Und am 11. März 1938 ist es mir erst einmal ganz und gar erloschen.

Schuschniggs letzte Rede war verklungen. Mein Vater hatte den Radioapparat abgeschaltet. Er, der sonst nie um sarkastische Bemerkungen verlegen war, schwieg. Meine Mutter hatte Tränen in den Augen. Ich hielt es zu Hause nicht mehr aus. Als die Wohnungstür hinter mir ins Schloß fiel, blieb ich erst einmal stehen. Nie zuvor hatte ich bemerkt, wie kahl und ärmlich unser Stiegenhaus aussah im Licht der 40-Watt-Glühbirnen, die nackt an der Decke über den Mitteltüren der einzelnen Etagen in ihren fixierten Fassungen festgeschraubt waren. Der leere Treppenschacht dieses Arme-Leute-Hauses aber war erfüllt von einem aus allen Fugen hervorquellenden Schluchzen: Es drang voll Verzweiflung, wie leise es auch war, auf mich ein von allen Seiten, daß ich die Stiegen hinunter und auf die Straße hinauslief, da mir das ganze Haus zu erbeben schien vor Schmerz über das Ende Österreichs.

Der Lendplatz war leer, kein Mensch begegnete mir, als ich in die Volksgartenstraße einbog und dicht an den Mauern der stattlichen Häuser entlangging, ihre Festigkeit unbewußt zum eignen Halt und als Schutz aufsuchend. Auch hier erschien mir das Licht der Straßenlaternen schwach und trüb. Schon hatte ich die halbe Strecke zurückgelegt bis zur Ecke Annenstraße, als mir vom Roseggerhaus her eine mehr tanzende als marschierende, mehr brüllende als singende, fähnchenschwingende, hakenkreuzbindentragende Menge von Männern und Frauen entgegenkam, deren wüste Karnevalsstimmung mich sofort in Angst versetzte, so daß ich in die nächste Haustornische trat, um mich vor den Rasenden zu verbergen. Sie aber jauchzten mir im Vorbeitanzen „Heil Hitler" zu und beschworen die heillose Dreieinigkeit „Ein-Volk-ein-Reich-ein-Führer" mit solch irrem Jubel herauf, daß ich mir plötzlich wie der bloßfüßige Junge im Nachthemd vorkam, der damals in der Küche Licht gemacht hatte und angesichts des Bildes, das sich ihm bot, vor Entsetzen erstarrte.

9

Links oben schaue ich aus dem Fenster, von meiner Schulbank aus links hinten, links oben im Pestalozzirealgymnasium, schaue nicht nach vorn zum Professor, nicht nach rechts hinten, wo Samek nicht mehr sitzt, seit man ihm die Hose hat ausziehen wollen, um zu sehen, ob er beschnitten sei, und ich stand stumm und fassungslos in der Ecke und schaute lieber links hinaus aus dem Fenster – HINAUS MIT SAMEK – HINAUS MIT DEN JUDEN –

und schaue von links oben hinunter über die niedrigen Häuser weg und über die Mur aufs andere Ufer: dort brennt es, dort haben sie ihnen den Tempel angezündet an diesem dunklen Tag, und nun zündelt es heraus und züngelt, und es sieht hübsch aus aus der Ferne von meinem Platz aus links oben, wie die Flämmchen herauskommen, schön sieht sie aus, die Kuppel der Synagoge im Schmuck der Flammen – UND DER VORHANG DES TEMPELS FLOG ALS ASCHE EMPOR – EINE ASCHENSÄULE WANDELTE VOR DEM AUSZUG DER JUDEN SEIT DIESEM DUNKLEN TAG IM NOVEMBER –, und die Feuerwehr sicherte die Umgebung ab mit ihren Schlauchzügen und Spritzenkommandos, und Stille herrschte, man konnte ruhen im Bilde – den Rotziegelbau einstürzen sehen und sehn, wie die Leute, die da herumstanden, kaum wegzutreiben waren aus der Zone ihrer Gefährdung –, so animiert einen eben das Feuer, überhaupt wenn es hervorbricht aus Synagogen oder aus dem Volksempfinden, dem immer gesunden:

Ich seh es bis zu mir nach links oben im Klassenzimmer der Schule, in der man Latein lernt und alte Geschichte und neue so schön unterm Fenster hat und auf dem Heimweg ganz nah vor sich dann an der Radetzkybrücke, wo gerade ein Lastauto im Schrittempo inmitten einer Meute, Menge, Masse von Menschen, Massenmenschen, Menschenmeute, einer Menge aus lauter Volksempfinden, dem jetzt gerade besonders gesunden, ein offenes Lastauto vorüberfährt, eine fahrbare Bühne, auf der Gerechtigkeit gespielt wird, gut gespielt, sehr anschaulich, Gerechtigkeit nach dem allergesündesten Volksempfinden, so daß es die Herzen höherschlagen läßt, wo auf der Bühne gezeigt wird, wie der alte Rabbiner von der neuen Geschichte am Bart gezogen wird, angespuckt wird mit Hohn und Schimpf – JUDAS, VERRECKE und DEM JUDEN SEIN GELD STINKT – und Spott und arischer Ironie moralisch hingerichtet wird, bevor es physisch dazu kommen wird aus kaltem Kalkül, wo niemand mehr wird verrecken müssen, sondern im Rahmen der Endlösung lediglich in Duschräume geführt werden wird, das hat noch Zeit –

Eibeschütz freilich, der kleine Jude rechts unten in unserem Haus Am Damm 4, Eibeschütz freilich hat schon eine Vorprobe erlebt, denn als ich ihn mehrere Wochen nach dem Feuerwehreinsatz traf auf der Straße und ihn grüßte wie immer, blieb er stehn und blickte sich um und sagte zu mir, er sei gerade zurück von der Kur, er müsse sagen, er habe immer zu essen und zu trinken bekommen – und neue Zähne habe er nun auch: Da war ich vierzehn und hab es begriffen (aber was sollte ich machen), froh war ich, als ich dann hörte, er sei mit seiner Frau und Arthur, dem vierzehnjährigen Sohn, mit dem ich vor unserer Schulzeit manchmal gespielt hatte, nach Schanghai ausgewandert, bevor es zu den letzten Kurkonzerten gekommen ist.

Und in der Mitte, im Zentrum, da steht die Domkirche in Graz, die mit dem Landplagenbild an der Südwestwand, und darin im Zentrum stehe ich, denn eben salbt mich der Bischof – Pfingsten 1938 – zur Firmung – aber wer hätte so etwas damals ganz ernst genommen? Und dann mein vierzehnter Geburtstag und wie mein Vater mich weckt und mir vierzehn Küsse gibt, und ich weiß nicht, hat es etwas zu bedeuten oder geschieht es aus Verlegenheit, weil er das Datum und damit auch die Geschenke vergessen gehabt hat, und bin verlegen, und er wird es auch, so daß wir beide rot werden, und dann steht das Fahrrad in der Küche, das Puchrad, das große, das kostbare Geschenk, und vielleicht waren die vierzehn Küsse doch sehr ernst zu nehmen gewesen, eine andre Art Firmung: die letzten Nothelfer vor dem Ernst des Lebens, vor dem Erwachsenenleben, vor den Gefahren der Zeit, vor der Gefahr, das Leitmotiv seines Lebens zu vergessen angesichts der Führer und der Verführer, der Versucher, Widersacher und Einschmeichler, der Idealisten im Braunhemd, der Goldfasane vor den Schulbänken, die Goethe deklamieren und dazwischen dem links oben am Fenster vorbeidröhnenden Stuka nachrufen AUCH DAS IST DEUTSCHER GEIST und es ernst meinen, diese Teutoburger Hermanne und Götterdämmerungsgermanen, deren Gottglaube kaum komplizierterer Beweise bedurfte als den: „Wenn ich diesen Bleistift in kleine Scheibchen zerteile und immer kleinere mache und kleinere, bis ich nichts mehr sehe, sehn Sie: dann ist das für mich Gott."

Und so bin ich aus der Betrachtung des Zentrums schon weiter gelangt nach rechts unten, und da steh ich am Bahnhofgürtel in dunkelblauem Tuch, ein Jungenschaftsführer des Deutschen Jungvolks, mit der Winterhilfsbüchse in der Hand unter ersten wirbelnden Schneepünktchen im erfrischenden Wind und weiß, was in den Leuten hier vorgeht, die ich anklappere mit meiner Winterhilfswerksammelbüchse, und klappere trotzdem, denn Dienst ist Dienst, und Pflicht ist Pflicht – und sogar dem eigenen Vater gegenüber, der die schöne blaue Uniform nicht so gern sieht: Der hat es mir aber gegeben, als ich ihm einmal mit einer Phrase gekommen bin vom Nutzen des Nationalsozialismus und von den Arbeitslosen, die es nun nicht mehr gibt, und von Hitler und Heil und dem Heilgeist der neuen Geschichte – den Hut hat er genommen, „dann bin ich eben ein Idiot", hat er gesagt, und gegangen ist er, und ich bin dagestanden, als hätte ich zehn Ohrfeigen gekriegt, und er hat mich doch nicht einmal beschimpft gehabt – da steh ich nun rechts unten in der Ecke: ein Pimpf.

Ach ja, ich bin gern Jungenschaftsführer gewesen, die „Pfadfinderei" hat mir daran gefallen, aber das Schulungslager ödete mich so an, daß ich mich vorzeitig telegraphisch abrufen ließ von meinem

Vater, und die Heimabende in unserer Baracke mitten in dem alten Kommunistenviertel waren so gut besucht, weil ich Märchen und Abenteuergeschichten erzählte: Da hörten die Zehn- und Elfjährigen gern zu. Wir haben auch in der Schule viel gelacht, wir waren nicht traurig, der Krieg hatte noch Zeit, ich glaubte nun, ein Deutscher zu sein, wie ich vorher geglaubt hatte, ein Österreicher zu sein, auf den Sommerlagern freute ich mich über die saubere Aussprache des Deutschen der Jungen aus Hannover oder aus Hamburg, die vormilitärischen Übungen erschienen mir als Soldatenspiel nicht bedeutsamer, als mir mein Spiel mit Bleisoldaten früher bei mir zu Hause auf dem Klavierdeckel erschienen war, die Lieder, die wir sangen, gaben mir keinen Anstoß zum Nachdenken. Mein Schrecken über Samek, Synagoge, Eibeschütz war vergessen, vergessen die Belehnung mit dem Erbe der Herrscher unten in der Gruft des Mausoleums, vergessen die Spielgefährten meiner Kindheitsjahre, vergessen die Disziplin des Lernens, da die Schule sich erst einmal eher zweifelhaft darstellte und mein Gespür für die Gesinnungen anderer noch nicht erwacht war, vergessen aber nicht die Liebe zur Mutter, der untergründige Strom meiner Angst, diese (fast schon schmerzhaft) geliebte Mutter zu verlieren, der ich von immer weiter ausgedehnten Ausfahrten mit dem Rad immer Blumensträuße heimbrachte und der ich abends im dunklen Zimmer vor dem Einschlafen lange Geschichten aus Büchern, die ich gelesen hatte, erzählte, vergessen nicht der beherrschte Zorn des Vaters: Seit diesem Erlebnis blieben mir alle politischen Einflüsse erst einmal auf Distanz. Sie gerieten in meiner Seele auf neutrales

Gelände. Zu einer entschiedenen Wandlung fehlte es aber noch an der entscheidenden Reife. Erst um die Zeit, als der Krieg ausbrach, begann bei mir die Phase des Umbaus, und mit dem Stimmbruch bricht ja wiederum etwas Neues von den Stimmen des Ungewissen in die Stimmung der Seele durch, die nun sich so verändert wiederfinden kann, daß manchmal ein Jugendlicher sich überhaupt nicht mehr wiederfindet.

10

Neue Lehrer, neue Freunde stellten sich ein. Was kümmerte mich der Krieg? Er war weit weg. Für mich hatte er noch Zeit. Auch die Stadt hatte ihr Gesicht seinetwegen kaum verändert. Die Klasse aber, in die ich zu Beginn des zehnten Schuljahres kam, war neu für mich. Sie war für den sprachlichen Zweig der Oberstufe unserer Schule aus den Schülern dreier Parallelklassen zusammengestellt worden, und aus der, die ich besucht hatte, waren nur wenige dabei.

Als ich den Raum der 6d betrat – in der spartanischen Kargheit seiner Einrichtung unterschied er sich in nichts von allen anderen Räumen des Hauses –, waren alle Plätze auf der Fensterseite schon besetzt bis auf die zwei zum Mittelgang gelegenen in der letzten Bank. Eben wurde der an der Ecke von einem schmalen, großen, blonden Jungen, dem ich in unserer Schule noch nie begegnet war, in Beschlag genommen. Er nahm kaum Notiz von mir, als ich ihm bedeutete, mich auf den noch freien Platz neben ihm hineinzulassen. Er rückte nur etwas vor, ohne ein Wort zu verlieren, schob sich, nachdem er mir so die Passage gewährt hatte, sogleich wieder zurecht, zog ein Buch hervor, schlug es auf seinen Knien auf und begann zu lesen.

Drei Wochen lang widmete er sich während der gesamten Unterrichtszeit seiner Lektüre. Drei Wochen lang ging er, kaum daß er physisch Platz genommen hatte, geistig seiner Umwelt verloren. Er fiel jeden Morgen augenblicklich, sobald er sich setzte, in einen tiefen Brunnen der Versenkung. So saß er neben mir, ohne daß er einen Nachbarn abgegeben hätte, wenn ich ihn nicht dann und wann dazu hätte heraufbeschwören müssen. Manchmal nämlich erinnerte sich ein Lehrer doch seiner nominellen Anwesenheit und rief ihn auf. Dann erlaubte ich mir, den seltsamen Nebenmenschen aus seinem Brunnen zu holen. Jedesmal ereignete sich darauf die gleiche Abfolge seiner stufenweisen Geistesvergegenwärtigung im banalen Umraum der Klasse: Er schob sein Buch offen, wie es war, unters Pult ins Fach, erhob sich und gab, ohne die Frage, die an ihn gerichtet worden war, auch nur gehört zu haben, jeweils ohne zu zaudern die Antwort, die ich ihm fertig formuliert zugeflüstert hatte; dann setzte er sich wieder, zog währenddessen schon sein offenes Buch wieder auf seine Knie vor und versank unmittelbar darauf wieder in seinem Brunnen. Es gab allerdings auch Stunden, die ihm so endlos erscheinen mußten, daß er sich selbst aus ihm heraushob: dann mochte sich seine rechte Hand an meine linke herantasten, den Hemdsärmel an meinem Handgelenk hochschieben, zart, um nicht zu stören, sein Blick vom Buch sich heben, die Zeit von meiner Uhr zu lesen – und jedesmal, wenn er dann feststellen mußte, daß ich gar keine Armbanduhr trug, blickte er mich an wie einer, der aus dem Traum gekommen ist, und schon senkte sich sein blasses, schmales Gesicht mit dem kurzen wirbligen Haar darüber wieder in seinen Schatten. Drei Wochen lang wiederholte sich dieser Vorgang, ohne daß ein Wort gefallen wäre. Und eines Tages traute ich mich, ihn zu fragen: „Was liest du denn da die ganze Zeit?“ – „Schopenhauer“, sagte er. – Und damit begann eine Freundschaft, wie ich keine mir schöner vorstellen könnte bis zum heutigen Tag.

Es gab nichts, was wir nicht teilten. Nie jedoch hätten wir unsere eigenste geheime Gefühlswelt preisgegeben, nie uns gemeingemacht in bloßer Gemütlichkeit, nie mehr als halbe Andeutungen über unsere privaten Verhältnisse fallen lassen. So wurden unsere Streifzüge durch Philosophie, Musik und Literatur zu herrlichen Gemeinsamkeitserlebnissen, blieben uns aber kleinliche Ärgernisse über allzu alltägliche Unzulänglichkeiten erspart. Unsere herzliche Zuneigung zueinander gründete auf hoher Achtung voreinander; nötigenfalls wären wir dabei bereit gewesen, füreinander zu sterben. Wir waren einander unabdingbar verpflichtet, denn wir haben jeder für sich sein eigenstes Leben zu leben beginnen dürfen durch den jeweiligen anderen. Wir wurden durch unsere Begegnung aus dem allgemeinen Zeitgeschehen herausgehoben.

Wir lernten aneinander die Tiefe der Welt und die Größe des Menschen kennen und erlebten miteinander die unterschiedlichsten Abenteuer des Geistes und die Erschütterungen, ohne die kein Mensch durchs Leben gehen kann im festen Bewußtsein seiner Würde. Wir hatten dabei eine eher nüchterne Art des Umgangs miteinander. Es gab keine falschen Töne, keine Sentimentalitäten. Die Maßstäbe, die wir hatten, waren streng. In meiner Erinnerung ist das schmale

Gesicht meines Freundes von einer Entschlossenheit geprägt, die seinem grundsätzlich grüblerischen Ausdruck einen Harnisch gaben: So blickt er mich an wie durch ein Visier mit klaren blauen Augen, in denen ein hellwaches Bewußtsein aufblitzt wie ein starkes Licht.

Um die Zeit dieser Begegnung muß es gewesen sein, daß mir die Bilder Pieter Breughels zu Offenbarungen eines Weltverständnisses wurden, dessen Voraussetzungen ich eben zu ahnen begann: das Vermögen, die Fragwürdigkeit alles irdischen Trachtens zu erkennen, ohne deshalb am Sinn der Schöpfung zu zweifeln, die Kunst, gegenüber den dummen, gemeinen, aufgeblasenen, einander unterdrückenden, quälenden, schindenden und wiederum geschundenen, gequälten, unterdrückten, in ihrer Ratlosigkeit bemitleidenswerten Kreaturen den Abstand zu halten, ohne darüber das Bewußtsein von der Identität mit ihnen zu verlieren, die Fähigkeit, die Dinge von einem höheren Standpunkt aus zu sehen, ohne sie von oben herab zu betrachten. Wie könnte man ohne sie zu gerechtsamer Menschenkenntnis gelangen?

Damals auch erwachte in mir der Sinn für die Offenbarungen der Dichtkunst und damit eine Ahnung vom tieferen Geheimnis der Sprache: mein Gehör wurde empfindlicher; es nahm immer kleinere Differenzen zwischen Wort und Wesen wahr. So gewann ich zum neuen Augenmaß für meine Mitmenschen das Ohrenmaß für ihr Reden. Das Augenmaß befähigte mich zu jener „Ironie“, die es einem gestattet, das Lächerliche zu sehen, ohne des Erhabenen zu vergessen, das Erhabene zu erkennen, ohne sich des Lachens über die Narrenkleider zu schämen, das Ohrenmaß zu meiner eigenen Absicherung. Damals nämlich wäre es lebensgefährlich gewesen, seine Gedanken jemandem anzuvertrauen, dessen Wesen einem noch weniger bekannt war als dessen Gesinnung. So konnte ich auch am Dietrichsteinplatz unbesorgt meine aufkeimende Meinung zu verschiedenen Zeitereignissen äußern, wenn bei dem einen oder dem anderen Bruder meines Vaters gelegentlich auch verstohlen ein Parteiabzeichen auftauchte: Mein Ohrenmaß gab mir Gewißheit von ihrer Redlichkeit, mein Augenmaß erlaubte mir ein Hinwegsehen über das kleine Schandmal im Knopfloch, wie mein Vater es nannte, dem es nach und nach gelungen war, sogar über das flächenmäßig größere meiner Uniform hinwegzusehen.

Hilda ist es gewesen, die hell auflachte, als sie mich übers Jahr wiedersah in meinem Dienstgewand; dann sagte sie wie zu sich selbst: „Macht ja nichts." Ich aber war abgelenkt worden durch ein neues Möbelstück in ihrer alten, winzigen Wohnung: ein Kinderbett mit einem eingehängten Gitter. Ja, und dahinter stand zierlich und zart ihr kleiner Sohn, das Fritzerl, ein richtiges Friesenkind, wie die Leute gesagt hätten in dem fernen flachen Land mit den Mooren und den großen Wolken darüber, wo es das Licht der Welt erblickt habe, das ihm wie ihr jedoch zu kühl gewesen sei. So wären sie eben jetzt schon heimgekehrt. Fritz würde bald nachkommen. Sein Arbeitsvertrag liefe demnächst ab. Er habe unmittelbar nach dem „Anschluß" als Techniker Verwendung gefunden beim Ausbau des Hafens von Emden und zum erstenmal in seinem Leben das Glück genossen, nicht nur genug Geld für ihrer aller Unterhalt zu verdienen, sondern sogar seiner Berufsausbildung nach beschäftigt zu sein. Nun stünden ihm auch in seiner alten Heimat Stellen offen, in denen er sein Können anwenden dürfe.

Ich freute mich über den spätgeborenen grazilen, blonden Sohn der zierlichen, immer noch mädchenhaften Frau, die mir nun mehr noch als früher wie eine ältere Schwester erschien, ich freute mich über ihre Mutterschaft, die ihr Gemüt beruhigt und mit Dankbarkeit durchwärmt hatte, ich freute mich auf Fritz und seine verläßliche Kameradschaft, derer ich wieder teilhaftig werden würde. Plötzlich fiel mir Hildas Auflachen wieder ein, und ich fragte sie danach und warum sie „Macht ja nichts" gesagt habe. Da sagte sie: „Ja, weißt du, es macht wirklich nichts, daß du dastehst in Uniform; aus dir wird nie ein General, vielleicht ein ..." – da unterbrach ich sie belustigt: „ein Generalmusikdirektor" (denn damals wäre ich tatsächlich gern Dirigent geworden). – „Nein", sagte sie; „ein Dichter", ergänzte sie versonnen. – „Ein Dichter?" – „Logisch!" – „Wie kommst du denn auf die Idee, Hilda?" fragte ich, schon ein wenig gespannt auf eine schmeichelhafte Begründung ihrer Prophezeiung. „Du hast als kleines Kind so gern Papier gegessen", sagte sie ganz ernsthaft.

11

Dem Heranwachsenden verstummen die Stimmen des Ungewissen. Jeder Laut in seiner tagwachen Seele wird dafür umso deutlicher hörbar. Noch ist diese Seele ihm fremd wie ein neuer Anzug, von dem man nicht weiß, ist er Maßarbeit oder nicht, und nach dem man sich dennoch streckt. So trägt er seinen Leib darin ein wenig stolz, ein wenig verlegen, fällt beim Gehen in seine Füße oder wippt sich mit den Zehen von der Erde ab, je nach dem rasch wechselnden Wetter des Gemüts.

Der Schritt von Breughel zu Rembrandt, vom Weltbild der Kreatürlichkeit des Menschen zu dessen unbedingt individuellem Inbild, öffnete mir den Zugang zur Schicksalhaftigkeit jedes einzelnen. Wirklicher als alle äußere Wirklichkeit bedeutete nun die Seele mir die dem Menschen allein angemessene Welt, in der Sympathie und Antipathie herrscherlich ihr Recht behaupten.

Jeder Heranwachsende muß sein eigenes Gleichgewicht auf dem schwankenden Boden finden. Gelingt ihm das, tut sich eine neue Stadt vor ihm auf und gewährt ihm Zutritt zu unerahnbar gewesenen Schätzen. Die Strecke bis zu ihrem Tor ist aber gekennzeichnet durch Täuschungen und Enttäuschungen.

Zweifel und Angst befallen den Wanderer, und nicht jeder erreicht das Ziel.

Mein Vater war mir fremd geworden. Ich hatte ihn in der Herrengasse Arm in Arm mit einer schönen großen Frau gesehen und war blitzschnell in eine Seitengasse abgebogen, um ihn nicht in Verlegenheit zu bringen. Seit kurzem übte er seinen Beruf in Graz aus. Er mußte nicht mehr jede Nacht in trübseligen Eisenbahnzügen nach Bruck an der Mur fahren und dort im naturwissenschaftlichen Kabinett des Gymnasiums auf einem Notbett schlafen, bewacht von dem pedantisch durchnumeriert in der Ecke stehenden Skelett. Wo er nun wohnte, weiß ich heute nicht mehr; bei seiner ihm angetrauten Frau nicht, vielleicht in seinem alten Erkerzimmer am Dietrichsteinplatz, von dem aus ich mit seiner Mutter früher das Straßenbahnratespiel betrieben hatte. Zwar kam er jeden Abend zu uns auf den Lendplatz (ich verdankte diesen Besuchen jeweils eine beträchtliche Verkürzung der Arbeitszeit für meine Lateinpräparationen), verließ uns aber spätestens um zehn Uhr. – Mein Verhältnis zu ihm war gestört, seit ich ihn zusammen mit der Fremden gesehen hatte. Ich litt unter diesem Erinnerungsbild – wem hätte ich es mitteilen dürfen? –, mich bekümmerte die Mutter in ihrer Einsamkeit, und ich litt an ihrer Liebe zu ihm. Wie verlassen war sie jedesmal zu Weihnachten oder zu Silvester, wenn der Vater entweder vorzeitig wegging oder erst weit nach Mitternacht zum Neujahrwünschen eintraf. Wie verlassen war aber auch ich, der ich mir angewöhnte, vor dem Weihnachtsfest für mich allein Weihnachten zu feiern: Ich zog mich in das Zimmer zurück, darin der

Tannenbaum auf dem Flügel nun von mir selbst geschmückt worden war, und zündete, nachdem ich das Fenster geöffnet und die niedrigen Häuser gegenüber mit schneebedeckten Dächern unter mir gesehen und da und dort das innige Licht des Festes in den Fenstern wahrgenommen hatte, auch mir zur Feier eine Kerze an. Dieses sentimentale Szenarium befriedigte mein Gemüt mehr als das darauffolgende „Familienfest", bei dem unter dem vollen Lichterglanz des Baumes in einer Atmosphäre allgemeiner Verlegenheit die Geschenke aufgedeckt wurden; sie interessierten mich kaum noch. Meine Aufmerksamkeit galt der Situation: Es ermangelte ihr an Echtheit. Umso echter war die tiefe, stumme Verzweiflung meiner Mutter, wenn der Vater sich nur allzubald wieder verabschiedete und das Haus verließ, ein einsamer Passant im Schneetreiben, dem ich aus dem Fenster gebeugt von oben nachschaute. Da ging er. Wohin?

Seltsam: Der Fremdgang des Vaters entfremdete mir auch die Mutter. Sie wurde mir in ihrer Verlassenheit schwerer erträglich. Ja, das war es wohl: Die Last, die auf ihr lag, machte sie mir zu schwer. Ich empfand meine Ohnmacht dem Schicksal der Mutter gegenüber als mein moralisches Versagen und schrieb die Schuld daran ihr zu. Ich warf ihr den Verlust ihrer Kraft zur Heiterkeit vor. Dabei sah ich doch, wie es sie immer mehr Überwindung kostete, Morgen für Morgen rechtzeitig aufzustehen, um nach unserem spärlichen und hastigen Frühstück pünktlich die Straßenbahn zu erreichen zum Griesplatz, von wo sie nun schon seit Jahresbeginn eine weitere Strecke zu Fuß zu gehen hatte in ihre neue, nüchterne Kanzlei der Seilerwarenfabrik Otto Haase & Sohn in der

Karlauerstraße: Das Tabernakelbüro in der alten, schmalen, krummen Griesgasse war für alle Zeiten geschlossen worden.

Eines Tages wurde ich – von ihr unbemerkt – Zeuge, wie die Mutter auf ihrem Heimweg sich in fremde Hausflure flüchten, sich auf Schwellen fremder Haustore niederlassen mußte, von Krankheit, Schmerz und Schwäche bezwungen. Fortan tat ich Buße, kniete, kaum daß sie die Wohnung verlassen hatte, auf den Dielenbrettern unseres Küchenfußbodens und rieb sie unter Güssen heißer scharfer Lauge mit harter Bürste weiß, wusch und wachste und glänzte den Parkettboden im Zimmer, putzte Fenster und Spiegel, die Fensterriegel und Türklinken aus Messing, aus Silber die Messer, Gabeln, Löffel und Löffelchen, schmiergelte die Herdplattenränder blitzblank, bügelte Taschentücher, Servietten und Hemden: Da wich die Reue der Freude, der Vorfreude auf *ihre* Freude, wenn sie heimkäme und sähe. Und dann kam sie – und sah *nicht*, erschöpft wie sie war –, und ich warf die Tür zu, stürzte die Treppen hinunter und zum Haus hinaus. Wütend, mißmutig, niedergeschlagen lief ich, ging ich, schlich ich durch endlose, armselige, leere, verregnete Gassen, bis es ganz dunkel war, setzte mich unterm Kalvarienberg ans Ufer der Mur: Da hab ich mich wohl wieder sanftgeweint.

„Du hast alles so schön gemacht“, sagte die Mutter, als ich dann heimgekommen war, und „tu dir später einmal nie wegen einer Frau etwas an.“

Also war es gewesen, als anstelle der verstummten Stimmen des Ungewissen die Stimme des Gewissens sich in mir erhoben hatte, und demnach fielen die

Narrenkleider von mir ab. Ich wurde selbständig und ging dem Deutschen Jungvolk verloren. Ich distanzierte mich von allen Forderungen des Zeitgeistes im Braunhemd. Es gelang mir, der Hitlerjugend zu entgehen, indem ich mich bei ihr gar nicht erst anmeldete, in der Schule schwänzte ich die Turnstunden, seit die körperliche Ertüchtigung allen anderen „Ertüchtigungen" vorangestellt worden war (dokumentiert allein schon durch die Plazierung dieses Faches in den Zeugnisformularen des Dritten Reiches) – und schon fand sich auch Gelegenheit, dem nähergerückten Ernst des Krieges gegenüber Sabotage zu üben.

Daß der Krieg nicht nur aus den Fanfarenklängen der Sondermeldungen aus den allenthalben auf den Plätzen unserer Stadt angebrachten Lautsprechern bestand, zeigte sich bei uns in der Schule eines Tages im Frühjahr 1941 in Gestalt eines Feldwebels der Wehrmacht. Er hatte sich als Quartiermeister ausgewiesen, und wir sollten nun allen seinen Anweisungen Folge leisten und ein Klassenzimmer ausräumen. Demgemäß prompt und bedenkenlos befolgten mein Freund und ich jeden Wink des Weisungsvollmächtigen. Der Mann stand bald vor einem unlösbaren Problem: Zwei Türen führten auf den Flur hinaus; zehn Bänke sollten im Raum bleiben, die anderen weggebracht werden. Als die kritische Grenze erreicht war, begann unser Spiel. Indessen an der vorderen Tür zwei Kameraden dem Befehl des Gestrengen eher gemächlich gehorchten, hatten wir zwei in unserem Übereifer schon durch die Hintertür eine Bank hinausbefördert. Der Quartiermeister lief auf den Flur: „Eine zurück!" befahl er und beaufsichtigte den

Transport durch die ihm zunächst hantierende Mannschaft so genau, daß er nicht bemerkte, wie wir seinem Gebot ebenfalls und so flink wie blindlings „Folge leisteten“. Drinnen zählte er die Bänke: Es waren elf. Er geriet in Rage. Das erhöhte unseren Eifer: Immer schneller trugen wir Bänke bald durch die vordere, bald durch die hintere Tür hinaus und herein, so daß drinnen bald zwölf, bald neun Stück standen. Erst mit Hilfe unsres Direktors gelang dem Gewaltigen sein schlichtes Werk.

So genossen wir unsere Freiheit, ehe wir selbst dem Gebot eines Vorgesetzten auf Gedeih und Verderb ausgesetzt sein würden. Wir hatten damals noch mit dem ganzen großen Krieg unser kleines Spiel.

Spielerisch zeigte sich dieser Krieg auch in seiner ersten ernstzunehmenden Attacke auf unsere Stadt.

Ich genoß den schönen, unverhofft schulfreien Frühlingstag – und ich stehe am offenen Fenster im Zimmer unserer Wohnung und schaue hinaus über die niedrigen Häuser hinweg bis St. Johann und Paul und zum Plabutsch, da zieht auf einmal ein kleines Flugzeug in mittlerer Höhe eine elegante Schleife gegen Gösting zu, und schon detonieren zwei Bomben, und dann erst jaulen die Sirenen auf, beginnt die Flak vom Plabutsch zu schießen. Gleich darauf gibt es „Entwarnung“: Die fremde Maschine war niedergezwungen worden; ihr Pilot – eine Frau. Jugoslawien hatte den Krieg angenommen. Das Zeichen war gesetzt. – Allenthalben in Graz sprach man von der kühnen Fliegerin mit Hochachtung und bewunderte ihr Husarenstück: Kein Mensch war verletzt worden, der Milchhof nur war kaputt.

Die nächsten Bomben hatten noch Zeit. Der Krieg war bald wieder weit weg. Er verzog sich aus unserer Stadt in ferne Regionen des Balkans.

Die äußeren Ereignisse hatten mich abgelenkt von dem dramatischen Szenenwechsel in meiner Seele. Sie trugen dazu bei, daß ich das innere Gleichgewicht fand auf dem schwankenden Boden, Zweifel und Angst zwar nicht überwinden, aber doch überstehen konnte.

Von Siegen sprachen nur wieder die Fanfaren und Trompeten, die Pauken und Posaunen der Sondermeldungen. Vorübergehend waren sogar wir selber von kurzsichtiger Freude befallen, als wir vernahmen, „unsere" Untersteiermark sei wieder „heimgekehrt". Und als die Nachricht vom Tod Tante Julies eintraf, war für meine Mutter zwingender Anlaß gegeben, zum erstenmal nach ihrem erzwungenen Auszug aus dem Haus ihrer Eltern den Ort ihrer Kindheit zu besuchen, für mich die Gelegenheit, zum erstenmal in meinem Leben dieses geheimnisvolle, durch hundert Geschichten für mich wie im verlorenen Paradies liegende Dorf im Schatten des Votsch zu betreten.

So gingen wir beide an einem frühen Morgen (ich sehe in der Erinnerung den Morgen eines Spätsommertages vor mir und glaube, etwas von dem Glücksgefühl zu verspüren, das mich erfüllte, da ich meine Mutter wie geheilt und verjüngt neben mir ausschreiten sah) –

so gingen Mutter und Sohn voll Spannung auf die Erlebnisse, die ihrer harrten, zum Bahnhof, um den Zug nach Marburg und Cilli zu besteigen. Von

Pöltschach aus würden sie dann zu Fuß weitergehen nach Studenice pri Polčanje, wie heute der Ort wieder heißt, nach Studenitz, wie er damals – auch „wieder“ – hieß.

12

Mutter und Sohn gingen dahin, gemächlich zugleich und beschwingt, wie man geht, wenn man auf Ferien ist, und der befestigte Fahrweg, auf dem sie da gingen, schwang sich desgleichen dahin beschwingt, doch ohne Eile, wie die Wege früher einmal fast alle. Das Tal schob sich allmählich näher zusammen, es wurde aber nicht eng, da zur Linken die Hügel niedrig waren und sanft im Anstieg, zur Rechten aber der Votsch weit genug entfernt, Maisfeld und lichten Auwald und Fluß dazwischen sich hinziehen und im Mittagslicht besonnte Matten an seinen Fuß sich lehnen zu lassen. Die Mutter war nun schon kleiner als der Sohn, er sah über ihren Scheitel hinweg voll Vergnügen, kein graues Haar, kastanienbraun glänzte es in schöner Schwingung herab, mädchenhaft leicht schritt sie aus, die Mutter, und war wie früher, und er auch, ganz bewundernder Liebhaber und Sohn, zu dem sie gern hin und wieder hinblickte, mit Lichtglanz in ihren braunen Augen seine blauen streifend und plötzlich heiter bewußt seiner größeren Gestalt.

Und dann blieben sie stehen vor der Brücke über die Dran, angesichts des Dorfes Studenitz, das sich drüben hinein- und in eine dunkle Falte im Mantel des steil aufsteigenden Votsch hinaufzog zu Torbau,

Kloster und schlankem Kirchturm, herrlich und lieblich anzusehen im Duft der Reseden und alten Geschichten und in der Farbenlust der Astern und Dahlien. Mutter und Sohn mußten schlucken vor Glück. Und da traf sie beide auch schon Lichtgeblitz aus der Dran, als säße ein Kind darin mit kleinen Spiegeln in seinen sich drehenden Händen, um zwischen dem Weidengebüsch hindurch die Brückenbegeher zu necken, ein Kind der Dran, ein Wasserfrauenkind, ein Wassermädchen, denn jede Wasserfrau muß doch auch einmal ein Kind gewesen sein, und so eins war's auch. Geblendet von fliegenden Lichttäfelchen mußten sie blinzeln, Mutter und Sohn, und lachen, da sie es sahn aneinander. Und so kamen sie trotz ihrer Trauerkleider vergnügt und wie Gleichaltrige schicksalsvergessen über die Holzbrücke, über die leise polternden Bohlen ans andere Ufer: Da öffnete sich der Sandweg ihnen entgegen, da standen zur Linken schöne, einstöckige Bürgerhäuser wie in Graz in der Laimburggasse, rechts kam ein Bach vom Kloster herab, Quellwasser – so klar ist sonst keines, so kalt auch nicht –, lagen Gärten und quollen über die niedrigen Zäune, und schon nahten sich in der Mitte der Dorfstraße schwarze Gestalten, alte Frauen mit Kopftüchern, begrüßten die Mutter und bedeckten auch bald meine Rechte mit Küssen: „Der junge Herr ist gekommen“, so daß ich nicht wußte, wie mir geschah, und mir war, als wäre ich verwechselt, verzaubert vom Kind in der Dran und den hundert alten Geschichten von Studenitz. Und die Mutter sagte: „Siehst du, sie haben dich gleich erkannt.“

Schon hatte eine der alten Frauen drinnen unsere Ankunft verkündet, aufschlugen die eisenbeschlagenen Flügel des Tores und zu unserem Empfang die Arme des trauernden Witwers in tragisch-symbolischer Geste, da hieß mich der Herr des Hauses, der Haus- und Realitätenbesitzer, willkommen als den Großneffen der Seligen und somit auch den seinen – mit Träne, die schimmerte ihm im Auge, und Trunk, den hielt er in der Hand, und ihn umstanden dienstbare Frauen und Kinder, schwindlig vor lauter Schauen und dreifingrig lutschend an ihrer Lieblingshand, und andere ehrbare Haus- und Realitätenbesitzer in schwarzen Anzügen mit schwarzen Westen, ihm, dem hochangesehenen Kaufmann und Immobilienverwalter Kaučič Beistand zu leisten in der Stunde des Abschieds von seiner gefürchteten hochwohlgeborenen Frau Gemahlin und Postmeisterin, Tante Julie, deren Immobilien, Realitäten und Häuser er erben würde in Ehren und Würden und angemessenem Schmerz. Ich empfing das Glas Wein aus seiner Hand und drinnen in der großen, holzgetäfelten Stube die Schale voll dreifach konzentrierter Rindsuppe, das eine zum Gruß, die andre zur Stärkung des Leibes vor den Strapazen der Seele, die unser noch harrten.

Die Mutter war sogleich von einem Kreis schwarzer Frauen umringt und abgedrängt worden von mir, so lieferte ich mich den Eindrücken aus und den Formeln der Höflichkeit auf deutsch und slowenisch mir unbekannter Freunde des Hauses, in dem mein Großvater vor Zeiten sein großes Bismarckbild hängen gehabt hatte, Anlaß zu manchem Ärger, wenn panslawistische Parteigänger es umwendeten mit dem

Schnauzbart zur Wand, sobald der ehrfurchtgebietende Hausherr das Zimmer verließ, in dem der ehemalige Realitätenbesitzer Herr Tanzer, ein echter Onkel der Mutter, oft aus und ein gegangen war, solang er seine Reichtümer noch nicht verschenkt gehabt hatte: An Oktobertagen voll der Sonnenglorie über dem Weinlesefest, da die Monstranz des Himmels über dem zeitlichen Geschehen hoch aufgerichtet war und Tische mit weißen Tüchern bedeckt auf der Straße standen, mit Weißbrot für jeden, der da vorbeikam, an Tagen voll rauschhafter Diesseitsbejahung, deren dionysischer Aufschwung die Seele mitriß zu Sorglosigkeit und Verbrüderung mit allen Menschen, insbesondere mit dem fremden Bettler zum Beispiel, dem Onkel Tanzer in heiterer Frömmigkeit einen seiner vier Weinberge schenkte, und die drei andern hielten auch nicht lange vor. Da war der Onkel zum Herrn Tanzer geworden in der Familie, die sich des nunmehr Verarmten schämte, ihm aber immerhin doch noch – gegen kleine Arbeiten am Haus und im Garten – ein Gnadenbrot bot, von dessen Rinden er sich winterüber in einem kleinen Winzerhaus ernährte, sie in Tee tauchend und nachdenklich zergehen lassend im zahnlos gewordenen Mund, aus dem nun so oft schon das Wort Hiobs ertönt war als Antwort auf taktlose und manchmal doch auch mitleidige Fragen, wie es zugegangen sei, daß er, ehmals so reich, nun so arm wäre: Der Herr hat's gegeben, der Herr hat's genommen, gepriesen sei der Herr.

Daneben das Haus, da hat eine Cousine von ihm gewohnt, auch Erbin eines ansehnlichen Realitätenbesitzes, die schonte ihn aber, verhängte die Möbel mit Leintüchern und wohnte unten in der Saukuchel, da hatte sie's näher zum Stall, dort fütterte sie ihre Schweine, nicht selten dabei einen französischen Roman in der Linken, so daß die Rechte nicht, was die Linke, sie selbst aber immer wußte, was keine je tun würde: Auch nur *einen* Kreuzer verschwenden oder gar erst verschenken. So hatte sie lieber tränende Augen, wenn sie winters ganze Äste ins Herdloch schob und nachschob, um sich und ihr sparsames Süppchen zu wärmen, als einem armen vorüberziehenden Burschen ein kümmerliches Handgeld fürs Holzhacken zu gönnen.

Nah also den Realitäten verhalten sich deren Besitzer aller Realität fern, der eine verschenkt sie, der andere preßt sie an sich, daß sie verkommen und zerfallen in Staub wie auch wir, Tante Julie, Herr Kaučič und lang schon vor ihnen Herr Tanzer im Winzerhaus und seine Cousine im Souterrain ihres verhüllten Palastes, Großvater Viktor mit Vollbart und Sängerwettstreitssiegermedaille, selbst der Reichskanzler Bismarck. Realitäten; das sind so Sachen. – Nun aber auf die teure Verstorbene noch einen Slibowitz!

Und Punkt zwei Uhr Mittag geschah es, da barst eine Tür auf, die immer zu gewesen war, die Flügel schlugen auseinander, und Kreischen und Schreien von rasenden Weibern erfüllte den Raum, die Menschen darin erstarrten, mich faßte von hinten eine Hand um die Lendenwirbel und nahm meine Wirbelsäule in festen Griff, der Tod mit dem beinernen Szepter stand hinter mir und hielt mich aufrecht, da kam eine finstere Glut aus dem Aufbahrungszimmer von hohen, nach hinten zu immer höheren Kerzen, und unter dem schwarzen Baldachin mit Silberborte, zwischen dem Gedränge von Phlox und Dahlien, Astern und Rosen und Nelken, die ihre Düfte vermengten mit den Gerüchen nach Fleischbrühe, Knoblauch, Schnaps und Schweiß und dem süßlichen Geruch der Fäulnis, zwischen den erschreckend agierenden Klageweibern, die mit barock ausladenden Gebärden symmetrisch nach links und nach rechts die Hände rangen nach der strengen Choreographie des überlieferten Trauerschauspiels, sich Asche streuten ins aufgelöste lange verbrauchte, schauerlich graue Haar, an die Brust sich schlugen, im rasenden Schmerz die Köpfe warfen, Wahnsinnige unter der Sense des Herrn aller Realitäten – schlechte Tragödinnen, die zwischendurch kalte Blicke des Kalküls auf das Publikum warfen, um abzuschätzen, wie die Wirkung sei und ob man es nun genug sein lassen könne oder nicht –, zwischen den dionysisch sich gebärdenden Megären lag im schräg empor aufgebockten Sarg die liebe Tote recht deutlich tot und spielte die Rolle, die sie in dem Trauerspiel hatte, am besten von allen. – Fünf Minuten waren herum. Zu mit der Türe. Her mit der Brühe. Her mit dem Wein. Her mit dem Schnaps.

Es wurde gelüftet. Aber kaum ein Luftzug kam auf. Draußen hielt der Tag den Atem an. Er glühte auf unter aufziehendem schwerem Gewölk. Um halb drei betrat der Pfarrer den Raum, ein unscheinbarer Mensch mit unhörbarer Stimme. Es wurde alles rasch abgehandelt, denn das Gewitter dräute zu sehr. Unter höherer Gewalt läßt sich Lateinisch rasch sprechen. Weihwassersprengen, Weihrauchfaßschwingen von Ministranten, schon dröhnen die Nägel, schon heben schwarz-silbern gekleidete würdige Männer mit schiffartigen Hüten den Sarg von seinem Tisch, noch einmal ein Schmerzensausbruch der grausträhnigen Vetteln, dann schwankt und holpert der Zug zum Friedhof hinaus, schnell in die Grube damit, die ersten Tropfen. Es prasselt der Regen, der Pfarrer hüpft in seiner Soutane über die Grabhügel, es hüpfen Ministranten in hochgeschürztem Chorhemd, meine Mutter eilt mit den Frauen, ich sehe sie lachen und lache schon selber, nur Herr Kaučič bleibt seiner Rolle treu und wird in Würde naß: Das sah seiner Gemahlin wieder einmal ähnlich. Er geht mit der Flasche rundum, daß keiner sich erkälte, die Medizin verteilend, immer rundum, bis ich nichts mehr recht sehe, schwindlig werde, mich fallen lasse und gar nicht merke, wer mich auffängt.

Erst am nächsten Morgen kam ich zu mir, in einem hübschen großen Zimmer, einem großen Holzbett mit feinem Bettzeug, draußen die Sonne, die Schwalben, der Sommer, das Leben, die Fülle des Seins, die Realitäten.

Gegen Abend waren wir wieder in Graz.

Liegenschaften und bewegliche Habe waren zu diesen Zeiten in gleicher Weise ausgeliefert dem Krieg; der weitete sich aus, keiner hätte seine Dehnbarkeit ahnen können, und enteignete Eigentümer und besetzte Besitztümer und machte schließlich alles fragwürdig innerhalb der geglaubten Realität, die so vertrauenswürdig erschienen war, wie sie nun unglaubhaft wurde seit den Mobilmachungen auf allen Seiten. Uns Großdeutschen stand zu diesen Zeiten ein riesiges Reiseland offen bis zu den Fronten in

Tunesien, am Eismeer, im Kaukasus und am Atlantik, nur schade, daß die Angebote nicht von Bestand waren und das Reiserisiko so hoch. Jedenfalls sahen wir, die Maturanten der 2. Oberschule für Jungen in der Pestalozzistraße, jeglichem denkbaren Zielort innerhalb der militärischen Geographie im Herbst 1941 eher skeptisch entgegen: Nun war ja wohl Rußland in Mode als Land gewaltiger Immobilien, gut geeignet auch für ansehnliche Heldenfriedhöfe in der kontinentalen Geräumigkeit und mit so viel Himmel darüber. Aber noch hatte das Zeit für uns, nicht viel, aber was kann alles passieren. Und so befaßten wir uns mit Schulkram und unseren persönlichen Interessen und privaten Sorgen, genossen eine Blütezeit des Theater- und Konzertlebens unserer Stadt, ohne zu ahnen, daß die Vorhänge bald nirgends mehr aufgehen würden: Ein Jahr ist immer noch ein Jahr, wenn man gerade erst siebzehn geworden ist und die Matura einem bevorsteht. Die machte mir keinen Ärger, ich stand mit etlichen guten Noten im Rennen und ohne Mühe, so lebte ich aus dem vollen und in der Fülle all dessen, was meiner Seele sich auftat.

13

„Siehe, die Stadt öffnet sich vor dir. Sie haben die Tore abgebrochen zu deinem Empfang, so breitet sie die Gassen nach dir aus, und lang schon hat sie auf dich gewartet. Ehe du sie betrittst, setz dich aber unter den Schatten der Platane. Besinne dich, denn du wirst dahingehen auf geheiligtem Boden. Selbst Babylon, die nachmals verruchteste der Städte, war einst von Hohenpriestern den Göttern zugemessen worden, nach deren Sternenachsen die Prozessionswege zwischen den Stufenturm- und Tortempeln und den Palästen der Hängenden Gärten gerichtet waren, daß der Fuß der Irdischen nicht abirre auf dem nach allen Seiten hin riesig sich abwärts wölbenden Boden, der ihnen als Ebene von Horizont zu Horizont erscheint. Die alten Städte deiner Zeit standen jedoch und stehen bis heute unter dem Schutz der Heiligen, deren jeweils bedachtsam auserlesene Schar sichtbar gemacht worden ist durch die Türme der Kathedralen, Münster und Dome, die sich wie Erzengel über die schmalflankigen Hütten der Tagelöhner erhoben, die ihr heute wie dazumal seid, wenngleich ihr in Häusern wohnt, die diese Türme schon weit überragen; laß dich nicht täuschen.

Erhebe dich und tritt ein in die universale Präsenz

aller Erkenntnisse, Künste und Findungen der Menschheit und laß dich finden von ihnen. Daran wirst du nämlich erkennen, daß du die Stadt betreten hast als Berufener: wenn du wiedererkannt und heimgefunden wirst von lauter Verwandten."

Ich ließ mich durch den psalmodierenden Ton dieser Stimme meines Traumes nicht einschüchtern und lief unbefangen in diese imaginäre Stadt, und bis heute habe ich nicht aus ihr herausgefunden und möchte es auch gar nicht in alle Ewigkeit. Amen.

So hätte ich denn im Sinn des Psalmisten den Absatz geschlossen. Das Berufensein in diese Stadt aber, von dem er am Schluß seiner Rede gesprochen hatte, erweist sich an jedem, der darin aufgefunden worden ist und hundertfach wiedererkannt in seinem existenzbedrohenden Hunger, aufgehoben als Verdurstender und in den Arm genommen als der verloren geglaubte Sohn und mit Sonntagskleidern ausgestattet zur Tafel geleitet wurde und festlich gespeist und getränkt und fürs erste also gerettet.

Weder Haus- noch Realitätenbesitz, weder Brief noch Siegel, Maturazeugnis oder Habilitationsurkunde berechtigen zu dieser Speisung; es gibt kein Recht auf Berufung.

Die Schultage waren gezählt. Die Matura fand für uns schon Ende Februar statt Anno Domini 1942, als die Fanfarenstöße der Sondermeldungen sich wieder gegenseitig auf die Töne zu treten begannen, weil es in Rußland noch einmal tüchtig vorwärts ging: Da brauchte man bald Nachschub. So war der große Tag eher da als gedacht, und ihm zu Ehren habe ich mich zum erstenmal in meinem Leben rasiert (mit dem Rasierzeug meines Vaters, viel Seifenschaum und Vorsicht); ich war ja auch erst siebzehneinhalb Jahre alt, der Prüflinge jüngster. Alle meine Kameraden hatten längst den Gestellungsbefehl erhalten, die Musterung hinter sich, waren tauglich befunden worden und bereits einberufen: Diese Nacht noch sollten sie einwaggoniert werden. Vorerst bangten sie um den Ausgang ihrer Prüfung. Ich war in beiderlei Hinsicht gut dran: noch gar nicht wehrerfaßt und zensurenmäßig abgesichert. So absolvierte ich mein Wahlfach (Deutsch, „Rilke") mit Vergnügen vor beachtlicher Zeugenschaft unter der Leitung unseres fabelhaften Germanisten Alois Heinzel, dessen „Körpersprache" beim unumgänglichen Heil-Hitler-Gruß jedesmal ein fast schon eindeutiges politisches Selbstbekenntnis gewesen war und der sich so oft hatte hinreißen lassen zu Literaturbetrachtungen ohne Rücksicht auf die Richtlinien von oben – oder besser von unten, von der Macht des Ungeistes unterm erhobenen Grußarm, und unter dem Beisitz des kleinen späteren Hofrates, unseres Historikers Ferdinand Tremel mit dem leisen Räusperhüsteln, das Satzzeichenfunktion hatte, sozusagen akustischen Doppelpünktchen vor meist adversativen Anmerkungen zu irgendwelchen gängigen ausgemachten Geschichtsurteilen mit feinen Nuancen für feinere Ohren, womit er gleichsam mit der Fußspitze und nur einen Spalt breit einen Augenblick lang die Tür zur Wahrheit aufstieß für einen Schimmer von Licht, das lief wie am Schnürchen, die zwei Pflichtfächer durften unauffälliger defilieren; und ich hatte Zeit, die noch unsicheren Kandidaten zu ermuntern und mich mit den Gefährten, die wie ich schon ledig aller Ängste waren, in den für uns sonst unbetretbaren Räumen der Schule umzusehen. Die Kommission hatte sich zur Zeugniskonferenz zurückgezogen, die übrige Schule summte in ihrem alltäglichen Frühmittagsschlaf leise vor sich hin, da fanden wir im Direktionsbüro einen roten Knopf an der Wand, der verlockte uns sehr, „Alarm“ stand darüber. Schon schrillten die Klingeln auf, schon öffneten sich alle Klassentüren, schon strömten alle Lehrer dem Konferenzzimmer zu, da trat der Direktor heraus hochroten Kopfs und uns entgegen, verwies uns nicht nur des Büroraumes, sondern des Schulgebäudes in seiner Gesamtheit und verabschiedete uns also ohne Abschiedsrede und Händegeschüttel aus dem Haus unserer Jugendzeit. Demgemäß feierten wir unsern Ausstand auch ganz ohne Lehrer im vorbestellten Gesellschaftsraum eines Restaurants, gegen Lebensmittelkartenabschnitte speisend und in trotzigem Übermut Wein trinkend, bis wir gegen Mitternacht den letzten Bummel durch die schwach beleuchtete Herrengasse zum Adolf-Hitler-Platz und zurück zum Bismarckplatz in leichtem Taumel antraten; die kühle Nachtluft stabilisierte bald unseren Gang, der Blick auf die Zukunft trübte bald unsere Stimmung.

Der nächste Treffpunkt, der letzte des Tages, für manche von uns der letzte mit Klassenkameraden überhaupt und für immer, war der Frachtbahnhof um drei Uhr früh. Willi und Walter, die beiden Freunde, nahmen Abschied. Servus. Und schreib bald. Und links und rechts auf dem Perron lagen die Rucksäcke, Koffer und Packen, und die Viehwagen standen schon da. Und es war finster und kalt. Der Ernstfall dämpfte die Stimmen. Nur wenige Eltern hatten sich nicht hindern lassen, bis zuletzt zu bleiben, bis ihre Söhne, dicht gedrängt in den offenen Schiebetüren ihrer Waggons, langsam von ihnen weggezogen wurden, winkend mit Taschentüchern wie sie, die mit mir auf dem Bahnsteig, der Verladerampe für Schlachtvieh, zurückblieben und noch eine Weile stumm dastanden, indessen ich mich davonstahl hinter ihren Rücken, schlechten Gewissens, als einziger der Jungen heimgehen zu dürfen. Bald genug würde auch meine Stunde gekommen sein, abzureisen für Volk, Reich und Führer in der Einigkeit.

So ging ich denn durch die tristen Niemandslandwüsten des Güterbahnhofsvorfeldes und die unausgekämmten Fransen des Stadtrands nach Hause, übersatt von der Überlänge des Tages, der hinter mir lag mit seinem Tragödien- und Komödienprogramm für robustere Leute als mich. So nahm sie mich denn endgültig auf und ganz und gar, die imaginäre Stadt der Philosophen, Dichter und Komponisten, mich nun ganz allein und gar einsam, plötzlich ohne die Nähe der Freunde; von denen kamen bald erst Karten mit flüchtigen Meldungen, dann Briefe, seitenlange aus seltsamen Lebenslagen und Erdregionen. So begann denn der große Briefwechsel zwischen ihren Verbannungsorten und der Bannmeile, innerhalb welcher ich mich aufzuhalten verpflichtet worden war.

Bei der endgültigen Wehrerfassung meiner Person hatte sich nämlich herausgestellt, nach nunmehr achtzehn Jahren nachweislicher Existenz in Graz, daß ich ebenso nachweislich – eindeutig nach Staatsbürgerschaftsurkunde und altem Reisepaß meiner Mutter – jugoslawischer Nationalität und somit für die deutsche

Wehrmacht unerfaßbar war. Staatsrecht ist Staatsrecht, Amt ist Amt, Stempel Stempel. Ob ich nicht freiwillig der Waffen-SS beitreten wolle? – Ich wollte nicht. – Es könne aber lang dauern, bis mein Antrag auf den Erwerb der deutschen Staatsangehörigkeit erledigt sein würde. – Ich wollte warten. – Ich dürfe bis dahin aber nicht studieren, müsse mich vielmehr am Wohnort stets bereithalten, einberufen zu werden zur Kriegsdienstleistung in einem Rüstungsbetrieb wie andere Jugoslawen auch. Eine Überprüfung meines Gesundheitszustandes werde demnächst amtsärztlicherseits zur Durchführung gelangen, Heil Hitler.

Man befand mich amtsärztlicherseits für voll tauglich, berief mich aber erst einmal zu nichts ein. Ich durfte bis Ende 1942 in Graz spazierengehen. Unversehens vertauschten sich die Ebenen, und was die Stimme gesagt hatte unten am Ufer ganz nah dem nun wieder hörbar stark fließenden Strom, erwies sich als überwältigend wahr: Die imaginäre Stadt öffnete sich mir weit und glanzvoll und rücksichtslos, gemein und brutal und entsetzlich und schön in einem, Bücher taten sich auf wie Kathedralen, Münster, Dome, wie Spelunken, Kaschemmen, Opiumhöhlen und erkannten mich wieder, so daß ich vor lauter Wiedererkanntwordensein bisweilen gar nicht mehr wußte, wer ich sei, da jeder einzelne, den ich neu kennenlernte, so genau ich selber zu sein vorgab, wie vorher kein anderer sonst. Da ging ich durch die Stadt des Gewordenen und neben mir Wesenden und schrieb meine Briefe aus nicht minder seltsamen Lebenslagen und von vertauschten Ebenen des Erlebens. Da durchlitt ich die Schicksalsschläge im stets skandalerschütterten Dostojewskij-Viertel, ein andrer Aljoscha, irrte durch die strapaziösen roten und gelben Zimmer Strindbergs und durch das Quartier latin des Malte Laurids Brigge, geriet ins komödiantische Labyrinth Venedigs, ein andrer Hofmannsthalscher Andreas. Wer wüßte all die Straßen und Gassen zu nennen, die ich durchwandelte in der heiligen Stadt der Prophezeiung, woselbst noch im Rinnstein ein Paul Verlaine lag und schlief den Schlaf der Faune und galanten Feste oder im Schloßberg die Stollen Friedrich von Hardenbergs ihre Goldadern als Urschrift der Erde aufleuchten ließen im Schein seiner Grubenlaterne, wer beschriebe die unbeschreibliche Einsamkeit des hochgewachsenen, schmalen, leicht vornübergebeugt dahingehenden jungen Mannes, dessen Seele sich unter diesen Begegnungen immer schmerzhafter öffnete und in Liebe zu den Erniedrigten und Beleidigten der Vorstädte auf den abendlichen Wegen zum Kalvarienberg?

14

„Wenn Halkyon brütet, schlafen die Winde, ihr befriedetes Atmen durchdringt die Wände ihres fernen Hauses, du mußt nicht erst das Ohr daranlegen, das Schicksal schweigt: So ging mir das Jahr hin. Traum war der Gang durch die grenzenlose labyrinthische Stadt der Bücher,

Traum des Einsamen Weg durch die Gassen und Straßen der begrenzten Stadt seiner Wartezeit, Traum sein Wissen, einverwoben zu sein in jegliches Menschenleben. Tote Dinge taten sich dem Gefühl des Träumenden auf, die Steine begannen zu sprechen. Die aufbrechenden Knospen der Magnolie waren Innengebärden seines orphischen Erwachens zu eigenem Gesang. Wie leise begann er, wie zärtlich kündigte sich der neue Tag an, und Halkyon brütete, das Schicksal schlief, die Wange in der hohlen Hand, du kannst es atmen hören – und im Bienenhaus das tiefe berauschende Brausen, du weißt alles voll Honig."

So war mir, und es änderte sich auch nichts daran, als ich Ende Jänner 1943 von heute auf morgen als Kriegsdienstverpflichteter Kranführer in der Maschinenfabrik Andritz wurde, in dreieinhalb Stunden angelernt, einen Hallenkran zu bedienen, hoch über den Köpfen der Arbeiter auf holprigen Gleisen vor und zurück zu fahren, die Laufkatze rechts links, links rechts über die Brücke zu schicken mit sich hebender oder sich senkender Last in der Zange, alle drei Bewegungen fein abgestimmt aufeinander, daß das Flakrohr jeweils behutsam genug vom Boden am Halleneingang auf- und so rasch wie möglich, ohne ins Pendeln zu geraten, über die teuren Maschinen hinweggehoben so sanft wie möglich abgelegt werden konnte auf dem Lagerplatz am Hallenende.

Dort standen Geächtete und Verachtete, die Geringsten von uns Geringen allen, die anzusprechen oder denen gar etwas zu geben unter allenthalben von großen Plakaten zu lesenden Androhungen schwerster Strafen verboten war, russische Kriegsgefangene, meist ältere Leute, in der Februarkälte in ihren halbzerlumpten Mänteln; etliche von ihnen wurden immer wieder trotz ihrer sichtlich schwindenden Kräfte paarweise schweren Tiefladern auf eisernen Rollen vorgespannt, die sie nur in Bewegung halten konnten, wenn sie sich so weit vorlehnten, daß es aussah, als gingen sie auf allen vieren. Mein Mann dort unten, ein alter Bauer von weiß Gott woher aus der riesig nach allen Seiten sich dehnenden Landmasse Rußlands, hatte die Aufgabe, vom jeweils neu hinuntergelassenen Rohr die Zange abzulösen, ein gefährliches Amt, denn manchmal drückte es dann die Rohre unter sich weg, das konnte einem die Zehen zerquetschen, das wog seine viertausend Kilo; da half nur schneller sein. Ich suchte schon immer nach den sichersten Abladeplätzen, dennoch konnte er sich bisweilen nur durch einen Sprung vor einem Unfall retten. Auf mein um Entschuldigung bittendes Handzeichen reagierte er mit einem kaum merklichen Achselzucken.

Einmal, an einem Pausentag, wie sie sich jetzt des öfteren ergaben, wenn nämlich die Zulieferung aus dem Ruhrgebiet ausblieb nach Bombenangriffen, als ich oben saß in meiner nach drei Seiten hin offenen Kanzel und mir gerade eine Zigarette anzündete gegen meinen Hunger, fühlte ich mich plötzlich angeblickt. Ich beugte mich ein wenig über die Brüstung, um zu erforschen, woher. Da stand ganz allein mein russischer Kamerad unten, klobig und schwer in seinem Mantel aus Flicken, Filzwatte und Fetzen, und schaute zu mir herauf. Schon war mir die eben angezündete Zigarette aus der Hand gefallen. Der unten wandte sich vorsichtig um, ehe er sie aufhob und zwischen gewölbten Händen wie mit *einem* Zuge aufrauchte. Mich aber rief ein Signal zum Hallenausgang. Ich griff nach den Hebeln. Das abenteuerliche Fahrzeug holperte seinen Schienenweg entlang.

Später saß ich auf dem Kasten mit dem Widerstand, darauf war es warm, und las weiter in meinem Balzac; die nächste Zigarette konnte ich selber rauchen. Die Arbeiter unten – Italiener und Franzosen – standen um ihre Feuertonnen und wärmten sich die Hände.

Um sechs Uhr abends verließen wir das Haus: die Stechuhr; der Weg durchs bewachte Fabrikstor; dann die Freiheit, die Müdigkeit, die Dunkelheit; später im steigenden Jahr die Dämmerung, der farbige Föhnhimmel, der Fußweg zum Kalvarienberg. Damals gab es dort eine Fähre über die Mur, damit setzten wir vom anderen Ufer ans andere Ufer über; und so war ich also wieder an meinem Platz. Dieser Platz war für das ganze Jahr, da Halkyon brütete, mein Ort, der Ort, wo sich in meinem Geist alle Achsen kreuzten zu meinen Freunden an entlegenen Fronten, zu meinen geistigen Vätern in den einander entgegengesetzten Vierteln meiner geheimen Stadt, deren Bürger ich war und wiedergefundener Sohn, indessen meine offenbare Heimatstadt sich amtlicherseits von mir distanziert hatte, so daß ich in ihr Dienst leisten müßte wie ein Fremder zweifelhafter Herkunft. Hier, unter den Kreuzen, bestand kein Zweifel an meiner Herkunft, auch nicht an dem, der ich sein würde in Hinkunft.

Hier vollzog sich in meinem neunzehnten Jahr das Nachtwachenwunder: Ich hätte sie nicht nennen können, ich *wußte* aber meine Aufgabe; ich habe sie nicht vorgesagt bekommen, ich leistete aber meinen Eid auf die Verpflichtungen mir selbst gegenüber: dem Gebot der Wahrhaftigkeit und der Gerechtigkeit in meiner Lebensführung zu entsprechen und jeglichen Ruheplatz zu verlassen, wenn es darum gehen sollte, sich den Herausforderungen des Schicksals zu stellen, und die Seele freizuhalten von Skepsis und Resignation, den Billigangeboten der Bequemlichkeit für potentielle Pensionisten und manchmal auch sich verwirklicht habende Rentner.

Dem jungen Menschen steht solcher Vorsatz wohl an. Wer wollte ihn nicht zum Ritterschlag beglückwünschen?

Kalt und grau im fröstelnden Halblicht der Sparglühbirnen mit Verdunklungsmasken das Stiegenhaus, die Kunststeinstufen und rotgrauen Stockwerkböden, die nasse, schmutzige Passage durchs Vorhaus;

das müde Spiel des Schlüssels im Haustorschloß,

draußen das dünne Gesprüh im Gesicht, der ängstliche Laufschritt immer links die Hauswände entlang, die Keplerstraße stadteinwärts und dann brückenüber zum „Deutschen Bund“;

gerade noch aufspringen können auf den abfahrenden Viererwagen um 5 Uhr 40, kein Platz auf der Plattform,

das Trittbrett tut's auch: die Linke an der Griffstange, die Rechte mit der ausgedienten Schultasche im Freien, das Gesicht gegen den Wind;

Platz machen für die nächsten Zusteiger, Brust und Bauch einziehen in der Volksgemeinschaft – und was für einer! –, der Resteverwertung des Dritten Reiches, der Hilfsschienenputzer und Wehrunwürdigen, die sich nicht wehren dürfen dagegen, getreten zu werden als Blasbälge der Wehr- und Waffenschmieden –:

So begann das Tagewerk –

im Angstschritt durch Andritz zum bewachten Fabrikstor und zum täglichen Nahkampf an der Stechuhr – gerade noch pünktlich! –, schon schlendert's sich über den Fabrikshof zwischen Schrott, Blech, Gußeisentrümmern, Kettenknäueln, Tonnen, Rohren, da das Tor zum Schuppen, zur Wehrersatzhalle mit Alteisenarmierung und lebensbedrohlich verrottetem Laufkran –,

ich ziehe, die Fäuste um die Handgriffe geballt, die Schiebetürteile mit *einem* Ruck auseinander – und fahre zurück: Da steht einer im Finstern, ein großer, finsterer Mann, schwer und breit und hoch aufgerichtet, und blickt mich stumm an, und ich steh ihm starr vor Schreck noch gegenüber und kann mich nicht fassen –, da verbeugt sich der andre, bis zum Boden hinunter, und ich begreife, wie er dann hochkommt und mir seine Rechte entgegenhält, auf dem Handteller zwei Zigaretten:

Das ist der Russe, der alte Tolstoi in seiner Kutte, der Auferstandene.

Nein, die Wiedergabe habe ich zurückgewiesen, aber fast wäre ich niedergekniet vor diesem fremden Mann. Froh bin ich, daß ich mich wenigstens tief vor ihm verneigt habe.

Da war er auch schon verschwunden, ein Schatten, zurückgetreten in die Schatten der Schuppenwände, eins geworden mit ihnen, in sie eingeebnet für immer und aufgenommen in den Ikonenschatz meiner Seele zur Erinnerung an die Leibhaftigkeit des Heiligen inmitten von Blech und Schrott und sich endlich ankündigendem Untergang des niederglühenden Kriegsgestirns, dem zu dienen wir in diese Vorhölle gebannt waren: der feierliche Mann im zerrissenen Mantel und ich, der Niemandsjunge im Niemandsland zwischen den Jedermannsjemanden, die Tagesbefehle erteilten und selbst noch für meinen altersmorschen Kran richtungweisend waren in ihren goldbraunen Uniformen und gut genährt und fest im Fleisch auf baldigen Abruf.

Schon pfiffen übermütige Lehrbuben aus den Tonnen auf dem Fabrikshof Spottliedchen hinter ihnen her; ich sah von meinem fahrbaren Hochsitz aus die Blechdeckel niedergehen, wenn einer der Blankgestiefelten sich argwöhnisch umdrehte. Wären sie in der Lage gewesen, den Dialekt der Verschen, die ihnen da nachgesungen wurden, zu verstehen, sie hätten eine Blechtonnenrazzia veranlaßt.

Den Russen habe ich nicht wieder gesehen. Ich durfte endgültig heimgehen: Mir war die deutsche Staatsangehörigkeit zuerkannt worden.

Tags darauf drückte ich die Klinke der Tür zum Dekanat der Universität Graz nieder, um einzutreten in den bescheidenen Vorhimmel der Alma mater, deren Franz-Josephinischer Aktendeckelgeruch in meiner Seele gewisse Erinnerungen weckte. Diese hatten zweifellos etwas mit meinem Mausoleumserlebnis im Knabenalter zu tun, aber auch mit meiner Zugehörigkeit zur imaginären Stadt.

Einer künftigen Staatsbürgerschaft auf solcher Basis hätte ich mehr Realitätswert zugemessen als der platten Stempelbescheinigung eines Jugoslawiens oder eines Deutschen Reiches auf Widerruf. Letztere hatte mich wehrwürdig, aber noch nicht waffenpflichtig gemacht: Bei der Musterung war mein Gewicht bemängelt worden. Es war während meiner Zwölfstunden-Hungerschicht in der Maschinenfabrik unter das Mindestmaß der Wehrmachtsvorschrift abgesunken. Man stellte mich auf ein halbes Jahr zurück und riet mir, erst einmal aufs Land zu gehen und mich waffentragfähig zu essen. Ich hatte es aber, da ich mich samt meinem Untergewicht durchaus wohl fühlte, vorgezogen, erst einmal ein Medizinstudium zu beginnen. Nun lernte ich also alle Knochen meines Skeletts mit Namen kennen, vorgestellt jeden einzelnen an einem Skelett der Sammlung des anatomischen Instituts vom gestrengen Herrn Professor Hafferl; alsbald lockte es mich zu den Philosophen hinüber. Und so kam es, daß ich eines frühen Nachmittags das Seminar der Germanisten betrat, als dort gerade eins der „Sonette an Orpheus“ von Rilke betrachtet wurde. Unversehens geriet ich in ein langes Zwiegespräch mit dem hohen Herrn im Gehrock, der allem vorsaß, vor staunendem und gefällig aussehendem Publikum. Zwei der etwa dreißig Studentinnen baten mich nach Seminarschluß um Hilfe bei ihren Referatsvorbereitungen; schon saßen sie mir auf einer der zahllosen Treppen des Hauses zu Füßen.

Da wechselte ich zu den Philosophen über.

15

Aus den Bezirken der imaginären Stadt des einsamen Wanderers durch die Vorstädte von Graz wurden für den neu immatrikulierten Studenten der Philosophie auf dem Terrain der Universität – wie es ihm erst verwirrenderweise schien – betretbare architektonische Räume. So suchte er – schon auf Bügelfalten, Krawatte und steifen Hemdkragen achtend – in jedem Hörsaal Offenbarung, durchaus darauf bedacht, ja keine Gelegenheit zu versäumen, Einblick zu gewinnen in immer weitere Bereiche und tiefere Geheimnisse seiner neuen Umgebung. Alsbald hatte er Vorlesungen und Seminare in abenteuerlicher Vielfalt und so großer Anzahl belegt, daß er vom frühen Morgen bis zum späten Abend fast nur noch von Gebäude zu Gebäude, von Etage zu Etage, von Tür zu Tür lief, um jeweils den zeitlichen Anschluß an die nächste Veranstaltung zu finden, wenn schon der inhaltliche nicht immer leicht herzustellen war zwischen „Minnesangs Frühling“ und „Etruskologie“, „Vergleichende Sprachwissenschaften“ und „Volkskunde“.

Er schrieb jede Woche dicke Hefte voll. Nachts versuchte er, sich Überblick zu verschaffen, wie einer, der zu rasch hatte reisen müssen, an seinen Aufzeichnungen und Ansichtskarten erst zu Hause den Gesamtablauf seiner Erlebnisse und ihren Sinnzusammenhang untereinander rekonstruieren zu können und erkennen zu lernen hofft. Da blieb keine Zeit für neue Bekanntschaften und gesellige Abende. Nicht viel mehr an Erholungspausen gönnte sich der rasende Forschungsreisende, als dann und wann an herrlichen Frühlingsvormittagen eine halbe Stunde zwischen zwei Terminen auf einem sonnenbeschienenen Sessel im Garten des alten Stadtparkcafés in sich hineinzulauschen auf kommende Gedichte oder bei regnerischem Wetter auf einer Bank in der Ritterordenskirche jeweils einen Gesang aus Dantes „Göttlicher Komödie" zu lesen – immer einen neuen und seltsamerweise immer nur dort –, manchmal absetzend und auf die Klänge der Orgel achtend; der Orgelspieler war ein durchgeistigt aussehender junger Mann mit langen Haaren, ein schüchterner, liebenswerter Mensch, dessen Zartheit und Durchsichtigkeit auf Todesnähe zu deuten schien (und diese seine Erscheinung wie auch der gotische Rahmen, darin sie sich begab, hat sich für mich unablösbar mit meinem Leseerlebnis verbunden, so daß ich bis heute Dantes Werk nicht aufschlagen kann, ohne daß mir das Bild dieses Jünglings zwischen den Gestalten dantesker Visionen auftaucht als eben eine von ihnen).

Mich kümmerten während dieser Zeit der Umschau weder Vater noch Mutter, nicht der allgemeine Zustand der Welt noch mein persönliches Wohlergehen. Ich hatte kaum zur Kenntnis genommen, daß wir seit der Testamentseröffnung im Bezirksgericht von Windisch-Feistritz wieder im Besitz des Großelternhauses in Studenitz waren (Tante Julie hatte uns so nach ihrem Tode einen Teil dessen zurückgegeben, was meine Großmutter aus Gutmütigkeit und Leichtgläubigkeit an sie verloren gehabt hatte); ich wußte nur, daß Onkel Fritz sich in die Untersteiermark hatte versetzen lassen und Hilda und der kleine Fritz nun im alten Heimatort wohnten. Studenitz war für mich wieder weit weg – und der Krieg samt Stalingrad auch. Lediglich wenn einer meiner Kameraden auf Fronturlaub bei mir zu Besuch war, wachte ich aus meinem Trance- und Traumleben auf und empfing durch sie konkretere Mitteilung vom realen Geschehen unserer Gegenwart als durch die Rundfunksender unseres Propagandaministeriums oder durch die an und für sich wahrheitsgetreuer informierenden Radionachrichten aus London oder Moskau, die trotz strengen Verbots nicht nur von uns nahezu regelmäßig nachts gehört wurden. Bald mochten wir aber lieber über Bücher reden, die wir eben gelesen hatten, Mozart, Beethoven oder Schubert spielen, die Freunde Willi und Walter wollten neue Gedichte von mir hören (nur sie wußten davon, daß ich schrieb). Wir tauchten dann jeweils so gänzlich in die Elemente der Musik und der Dichtkunst ein, daß wir gemeinsam die Zeitumstände, in denen wir lebten, vergaßen. An einen Sieg Deutschlands hat keiner von uns geglaubt: Unser Vorstellungsvermögen versagte gegenüber einem Gedanken in dieser Richtung ganz und gar, da wir unter dem Hakenkreuz auf den Flaggen Europas das geliebte Schiff nur hätten sinken können sehen. Glaubten die noch an ihn, die seiner zunehmenden Unwahrscheinlichkeit das neue Wort ENDSIEG entgegenprägten? Wir blieben jeder von uns seinem eigenen Genius treu und gingen in den uns von unserer Zeit und unserem jeweilig persönlichen Schicksal verliehenen Kleidern jeder seinen eigenen Weg.

Ich als Zivilist hatte es schwerer, unerkannt zu bleiben von den allenthalben lauernden Endsieg-fanatikern: Ein Mann meines Alters war auf dem Gelände der Universität damals eine auffallende Erscheinung, wenn er nicht der SS-ärztlichen Akademie angehörte. Man wurde unter den zahlreichen Studentinnen stets sofort wahrgenommen. Und da ich mich vor allem im Seminar für Germanistik, dem ich nun als wissenschaftliche Hilfskraft dienen durfte, offen zu äußern pflegte und häufig gewagt genug in bezug auf die herrschenden – die hausgemachten und ausgemachten – Urteile und Ansichten, exponierte ich mich am laufenden Band, ohne richtig zu merken, wie sehr, bis mich einmal ein hundertprozentig gesinnungstreuer nationalsozialistischer Kollege auf eine meiner Äußerungen hin, auf dem Treppenabsatz stehenbleibend und mich festhaltend, unter vier Augen ernsthaft fragte: „Wissen Sie, daß ich Sie deswegen bei der Gestapo anzeigen könnte?“ – Ich schaute ihm voll ins Gesicht und sagte nur: „Das werden Sie nicht tun.“ – Ich hatte Glück.

Der Intensität meines Kräfteeinsatzes in jenem ersten Semester meines Germanistik- und Rundumstudiums verdankte ich eine weitere Zurückstellung vom Wehrdienst: Mein Körpergewicht war noch ein bißchen geringer geworden. Zwei Ärzte fahndeten vergeblich nach schlimmen Ursachen. Sie verschrieben mir eine Sonderration Vollmilch: täglich ein Viertelliter über ein Vierteljahr. Ich mußte jeden

Morgen in einer von mir gewählten kleinen Milchhandlung in der Zinzendorfgasse persönlich erscheinen und an Ort und Stelle meinen Becher austrinken. Ich tat's nur zu gern.

Zum Wohl gereichte mir mit Beginn des Sommersemesters 1944 auch die Überwindung meiner Scheu, irgend jemandem außer meinen beiden Freunden Gedichte von mir zu zeigen. Ich hatte nun Gelegenheit genug gehabt, in Professor Kleinmayr eine Autorität ersten Ranges zu erkennen, wenn es um Gedichtinterpretationen ging. Nach einem stundenlangen Nachgespräch über das „Spiegelsonett" aus dem zweiten Teil der „Sonette an Orpheus" von Rilke – einem leidenschaftlichen Austausch über die Deutung von Metaphern –, wie es sich nach einem Referat von mir, auf das ich mich während etlicher Luftschutznachtwachen im anatomischen Institut äußerst sorgfältig vorbereitet hatte, ganz von selbst ergab, faßte ich den Entschluß, mir von dem von mir nun schrankenlos verehrten Lehrer ein Urteil über meine eigenen Produktionen zu erbitten. Und so überreichte ich ihm eines Vormittags ein Manuskript von etwa 20 Seiten.

Mir war es sehr ernst um die Sache. Oft, wenn ich ein Gedicht geschrieben hatte wie im Rausch, hatte mich tagelang ein Hochgefühl beseligt; las ich es dann wieder und wieder durch, befielen mich Zweifel. Ich versuchte, mich wenigstens in einer Hinsicht abzusichern: Ich wollte als Lyriker – und nur als solchen konnte ich mich sehen – alles Formale bis in den Schlaf hinein beherrschen. Ich übte mich in alle Versmaße und Strophenformen ein, vom vierhebigen Trochäus bis zum Adonisvers, vom Kreuzreimliedchen bis zum Akrostichonsonett. Es erschien mir richtig, alles Handwerkliche jederzeit fest im Griff zu haben, so unbefangen ich mich jeglicher Inspiration hinzugeben auch willens war. Dennoch ergab sich für mich daraus kein verläßliches Urteil über meine „echten“ Gedichte, die ich sehr wohl von den „Etüden“ zu unterscheiden wußte. Oft wurden sie mir geradezu unsympathisch. Dann verwarf ich, was mich tags zuvor noch zum Jubeln gebracht hatte. Jetzt sollte die Qual ein Ende haben. Ich war entschlossen, mit dem Schreiben aufzuhören, wenn der Spruch des so feinfühligen wie erfahrenen Mannes negativ ausfallen sollte.

Wochenlang deutete dieser mit keinem Augenbrauenwink irgend etwas von seinem ersten Eindruck, den er indessen ja wohl gewonnen haben mußte, an; er sprach nur „Dienstliches“ mit mir. Dann kam der gefürchtete und ersehnte Augenblick, da er zu mir sagte: „Kommen Sie morgen nachmittag um drei zu mir in meine Wohnung.“ – In der Nacht dazwischen habe ich, obwohl ich keinen Luftschutzdienst über den stillen Toten im Keller zu versehen hatte, kaum eine Stunde geschlafen. Statt an den Vorlesungen teilzunehmen, machte ich am nächsten Vormittag einen weiten Spaziergang.

Hugo von Kleinmayr – als Gelehrter erfüllt vom Ethos eines Fichte, als Mensch von hofmannsthalscher Kultiviertheit – bewohnte allein eine Dreizimmerwohnung im dritten Stock eines Gründerzeithauses nah dem Messegelände, hatte aber eigentlich nur in der Küche noch Raum, Besuch zu empfangen: Diese nämlich war der Hauptarbeitsplatz seiner von ihm doch recht respektierten „Bestia domestica“, wie er sie mir gegenüber zu nennen pflegte, und den hatte sie mit der verbissenen Energie eher einer Löwin der Wildnis gegen jegliches Eindringen von Büchern verteidigt. In den drei Zimmern stapelten sie sich dafür vom Fußboden bis zur Augenhöhe ihres hochgewachsenen Besitzers, verstellten alle Wände bis zum Plafond hinauf und hätten gewiß auch noch die Fenster vermauert, wäre das Tageslicht nicht benötigt worden, sie zu lesen. So lebte der Forscher wie in einer Tropfsteinhöhle, einsam, anspruchslos und zufrieden, ließ man ihn nur in Ruhe seinen Studien nachgehen. Dazu bedurfte es ja auch keines physischen Ausschreitens. – Punkt drei Uhr hatte ich an der Tür zu dieser Studierstube geklingelt, zwei Minuten später schon breitete der Professor seine Notizen auf dem Küchentisch vor mir aus: Sie waren um vieles umfangreicher als das Manuskript, auf das sie sich bezogen. Bald vergaß ich Zeit und Raum, so faszinierend waren sie in ihrer Genauigkeit und Treffsicherheit. Er hatte nach den sieben Schritten und zwölf Arten der Interpretation jedes einzelne Gedicht aufs sorgfältigste geprüft und sprach nun sieben Stunden lang Zeile für Zeile und Wort um Wort meines Werkes durch. Als er mir das Manuskript danach aushändigte, stand ich da wie betäubt: erschöpft, beschämt zugleich und glücklich. Sein Gutachten war ein chirurgisches Meisterstück gewesen: Drei von den zwanzig Gedichten waren von ihm ganz und gar als mein Eigentum und für gut befunden, dazu einige Strophen oder auch nur einzelne Zeilen aus anderen Gedichten, keines war ganz verworfen worden.

Das Orakel hatte gesprochen. Nun lag eine Verpflichtung auf mir auch ihm gegenüber. Die Last bewirkte, daß ich mich etwas aufrechter hielt bei diesem nächtlichen Heimgang.

In der Zukunft halfen mir freilich weder meine artistischen Übungen noch das Ergebnis der Orakelbefragung über Zweifel hinweg; meine Bewußtseinshaltung eigenen Werken gegenüber aber hatte sich geändert; sie ermöglichte mir jeweils den nötigen Abstand, wenigstens nicht mehr nur von Stimmungen abhängig zu sein, wenn es darum ging, Qualitätsurteile zu fällen.

Ich konzentrierte mich auch wieder mehr auf das Schreiben. So entkam ich der Gefahr, mich zu verzetteln in der imaginären Stadt, deren Abbild ich in der Universität erkannt zu haben geglaubt hatte, ehe ich diese näher kennenzulernen vermochte. Heute meine ich, daß ich damals bei all meiner Wißbegier weniger auf der Suche nach wissenschaftlichen Erkenntnissen als nach Persönlichkeiten war, die mich durch ihre Souveränität in meinen innersten Entscheidungen bestärken konnten, letztlich also in meinem 20. Lebensjahr – wie es einem in diesem Alter auch zukommt – mit nichts anderem beschäftigt gewesen bin als eben mit der Suche nach mir selbst. Nah seinem Abschluß rissen mich einschneidende Ereignisse in allen Bereichen meines Lebens aus dieser Beschäftigung mit mir selber heraus. Der Eisvogel hatte zu Ende gebrütet. Das halkyonische Jahr war vorüber.

16

Ahnung des Todes

Es kommt der Abend, und ein stilles Roß
an meiner Tür...
es sieht mich an, sein Huf
aus dunklem Erze scharrt,
es nimmt mit weichem Maule Knospen
von den Zweigen,
es trinkt vom Wasser meiner Brunnen,
meiner Tröge,
es wartet wohl auf einen, der es nun bestiege.
Ich habe Furcht vor ihm. Es sieht mich immer an.
Und doch, ich möchte es besitzen, mir ist,
es trug mich gut,
durch einen langen Schlaf zog es mit mir.

Es kommt der Abend, und ein stummer Hund
an meiner Tür...
er sieht mich an, sein Schweif
aus dunklem Haar erbebt,
er nimmt aus meiner Hand getreu von
meinem Brot,
er trinkt vom Wasser meiner Quellen,
meiner Brunnen,
er wartet wohl auf einen, der ihn nun beriefe.

Ich habe Furcht vor ihm. Er sieht mich immer an.
Und doch, ich möchte ihn besitzen, mir ist,
er weiß den Weg,
durch eine lange Nacht weiß er den Weg.

Es kommt der Abend, und ein fremder Mann
an meiner Tür ...
er sieht mich an, sein Haupt
voll dunklem Blick ist schön,
er nimmt mit stummem Dank vom Salz,
von meinem Brot,
er trinkt aus meinem Kelch vom Weine
meiner Keltern,
er wartet wohl auf einen, der mit ihm
die Nacht durchschritte.
Ich habe Furcht vor ihm. Er sieht mich immer an.
Und doch: ich möchte meine Hände
in den Schoß ihm falten –
Über ein dunkles Reich ist er der Herr.

An einem Tag im Juli 1944, nachmittags um drei, zur Stunde der Mattigkeit, habe ich, während einer Vorlesung über Verfassungsgeschichte, dieses Gedicht Wort um Wort und Zeile für Zeile niedergeschrieben in ruhiger Stetigkeit und sorgfältiger Schrift. Da stand es nun zwischen den angemessenen sachbezogenen Notizen in meinem Kollegheft. Abends, zu Hause, habe ich es dann abgeschrieben, ohne etwas daran ändern zu müssen, und zu meinen übrigen Gedichten gelegt. Unter meiner Freude über seine regelmäßigen Strophen lag aber ein Abgrund von unergründlichen und darum beunruhigenden

Fragen. Ich hatte weder etwas gelesen noch gehört, weder im Wachen noch im Schlaf etwas geträumt, was mir zur Erklärung hätte dienen können für die Bilder dieses Gedichtes. In ihnen sprach sich also etwas aus, was auf mich noch zukommen würde, eine Vorahnung.

War es die Furcht vor dem Tod meiner Mutter, die mich von klein auf immer wieder befallen hatte, aufsteigend wie ein dunkler Dunst aus dem untergründigen Strom (was hätte ich in dem nun erreichten Bewußtseinszustand noch – oder schon – wissen können von den Stimmen des Ungewissen)?

Hatten die Bilder etwas zu tun mit einem Erlebnis, das ich in einer der Nächte vor der Niederschrift dieser Verse gehabt hatte?

Ich war in unserer Küche beim Schein meiner kleinen Schirmlampe bis gegen 2 Uhr früh mit meinen Aufzeichnungen beschäftigt gewesen, als ich auf einmal das Gefühl gehabt hatte, nicht mehr allein innerhalb meiner vier Wände zu sein, ja daß sogar viel mehr Menschen in den Raum eingezogen seien, als darin überhaupt hätten Platz finden dürfen. Wie lautlose Boten waren sie mir vorgekommen, die sich versammelten, um jemanden abzuholen, mit dem sie befreundet waren: Sonst hätte ihr Erscheinen wohl eher ein Erschrecken als das reine Staunen, das mich erfüllte, in mir ausgelöst.

Ich hatte nicht geträumt. Ich war hellwach gewesen, während sie wie Atemzüge um mich herum ein und aus gingen.

Da war mir plötzlich aufgefallen, daß die Mutter in dieser Nacht drinnen in ihrem Zimmer zum erstenmal seit langem viele Stunden durchgeschlafen hatte, ohne von Schmerzen aufgestört worden zu sein, wie es ihr seit längerer Zeit immer häufiger widerfahren war.

Als ich aufstand, um die Zimmertür zu öffnen, erlosch die verwunderliche Erscheinung: und erleichtert hörte ich die Mutter ruhig atmen.

Gleich danach war ich selbst in einen tiefen und traumlosen Schlaf gefallen, aus dem ich am nächsten Vormittag so gestärkt aufgewacht bin, daß ich mich ohne weiteres Nachsinnen den Aufgaben des Tages zuwandte. Ich ließ das Rätsel stehen und bewahrte sein Geheimnis bei mir.

Im Gegensatz zu dieser Ahnung des Todes gab uns ein Ereignis Anlaß, plötzlich intensiv genug unserer jeweiligen Ahnung des Lebens innezuwerden: Die Nachricht vom Attentat auf Hitler hatte gewaltige Aufregung ausgelöst. Allenthalben standen im Geviert des Innenhofes unseres Universitäts-Hauptgebäudes Gruppen von Menschen zusammen, gestikulierend, alle zugleich redend, jeder – so schien es mir dann – wie unter Blitzlicht für einen Augenblick sein wahres Antlitz zeigend: Da verzerrte sich des Fanatikers Gesicht, leuchtete das des seit langem auf Änderung der Zustände Hoffenden auf, und da brach aus dem Mund eines fremden, schönen Mädchens der tiefste Wunsch ihres jungen Leibes heraus als der Aufschrei: Leben möchte ich, viele Kinder kriegen! – So spontan die Studierenden auf die Neuigkeit, deren Tragweite noch nicht absehbar war, reagierten, so gelassen trugen sich die Professoren. Man ging eben zur Tagesordnung über. Das konnte umso leichter geschehen, als ohnedies gerade die Semesterferien anfingen.

Ich sollte die ersten vier Wochen davon in Pettau verbringen. Meine Mutter hatte das aus Sorge um meine Gesundheit eingeleitet, wenngleich ihre eigene mehr denn je gefährdet war: Sie werde sich einer Operation unterziehen müssen, der Termin stehe bereits fest. Die Zeit, die sie im Krankenhaus verbringen würde, erschiene ihr besonders gut für meinen Erholungsurlaub geeignet: Für sie sei gesorgt, außerdem habe der Vater ja Ferien und so mehr Möglichkeit als sonst, sich um sie zu kümmern, indessen ich mit meiner Sorge um sie ihr nicht viel nützen, dafür umso mehr mir selber schaden würde. Ich sollte mich lieber neuen Eindrücken hingeben und die Gastfreundschaft eines ihr gut bekannten Seilermeisters genießen und dann gestärkt zurückkehren, wenn sie auch wieder nach Hause zurückgekommen sei.

So packte ich noch vor meinem 20. Geburtstag meinen Koffer. Ich wußte, meine Mutter hatte recht: Ich hätte nicht genug Selbstbeherrschung aufzubringen vermocht, um eine so gespannte Situation durchstehen zu können, wie sie sich nun zwangsweise ergeben würde. Keiner hatte zu mir von Krebs gesprochen; trotzdem war es mir klar, worum es bei dieser Operation ging. Ich hatte Angst wie noch nie, und die Mutter hätte die Kraft nicht gehabt, diese meine Angst auch noch auszuhalten. In meiner Bestürzung über die neue Sachlage willigte ich in den Plan ein, in meinem Entschluß bestärkt durch meinen Vater, der meine Aufregung zu beschwichtigen suchte mit dem Hinweis auf seine eigene Zuversicht und dem Versprechen, wenn nötig Tag und Nacht bei der Mutter zu bleiben und mich sogleich zu benachrichtigen, wenn die Gefahr überstanden sei. Im Wirbel der

Reisevorbereitungen dachte ich weder an mein rätselhaftes Nachterlebnis noch an das neue Gedicht.

Nicht vergessen hatte ich aber, am Tag vor meiner Abreise noch einen großen Strauß Zinnien zu besorgen: Meine Mutter liebte sie sehr, und seitdem ich das wußte, brachte ich ihr zum Geburtstag immer Zinnien. Bis zum 4. August war freilich noch mehr als eine Woche Zeit, aber da würde ich ja in Pettau sein, sie wohl schon im Krankenhaus. So überreichte ich ihr den Strauß denn am Morgen des Aufbruchs mit allen guten Wünschen und unter Tränen. Sie aber tröstete mich und schenkte mir zu meinem eigenen Geburtstag einen goldenen Ring: Den habe ihr Vater getragen, nun solle er mir gehören zum Beginn meines 21. Jahres. Etwas ratlos steckte ich ihn erst einmal in meine Geldbörse. Mein Vater legte noch einen Zwanzigmarkschein dazu. Und dann schloß er die Tür hinter mir, und ich ging mit meinem Koffer zur Tramwayhaltestelle, diesen immer wieder absetzend und zurückblickend und zurückwinkend zu dem Fenster im 3. Stock des Hauses Am Damm 4, aus dem die Mutter mir nachwinkte, solange, bis ich rechts in die Keplerstraße eingebogen war. Da stieg ich in den kleinen Beiwagen des kurzen Zuges der Zweierlinie ein und ließ mich auf der offenen Plattform zum Bahnhof befördern. In dem Waggon 3. Klasse in dem langen Eisenbahnzug nach Marburg hat es mir dann einen Stich durchs Herz gegeben, wie mir eingefallen ist, daß ich mit dem gleichen Zug drei Jahre zuvor mit der Mutter zusammen zum erstenmal in die Untersteiermark gefahren war.

Seit damals war ich kaum mehr aus Graz herausgekommen; seit damals auch war ich nahezu nur mit der Suche nach mir selbst beschäftigt gewesen. Ich hatte eine Unzahl von Büchern gelesen, mich mit Problemen der Philosophie und der Kunst auseinandergesetzt und Position bezogen gegenüber den politischen Ansprüchen von seiten der herrschenden Partei: Eine Ideologie aber, mit der ich hätte so übereinstimmen können, daß mir daraus Ideale für mein weiteres Leben erwachsen wären, hatte ich nicht gefunden. Und als der Zug durch für mich ganz neue Landschaften fuhr unter dem Scheitelstand der Sonne, flog auch das Bündel persönliches Schicksal leicht wie ein Ballon davon: Mein Blick wurde frei für die Dinge der Welt, weil meine Seele frei geworden war.

17

Ich bin im Sommer 1988 wieder in Ptuj gewesen. Fast auf den Tag genau 44 Jahre nach meiner ersten Ankunft in dieser Stadt bin ich den Weg zum Schloß hinaufgegangen und habe mich vom Garten der Taverne mit seinen alten Kastanienbäumen umgesehen, sah das Gedränge der Dächer unter mir, sah in der Ferne jenseits der Drau-Ebene im schimmernden Licht des hohen Mittags wie unstofflich den Kegel des Voč und das kantige Steildach des Donatiberges mit seiner weit nach Süden ausrollenden Hügelschleppe: Das war wie damals. Als ich aber mit meinen Blicken dem Flußlauf folgte, schon in Erwartung des Erinnerungsbildes, wie dort im Südosten der Stadt der Strom einzöge in unabsehbar große Auwälder, zeigte sich mir anstelle der blühenden Wildnis, in der ich rätselhaft Wunderbares erlebt hatte, der leere Spiegel eines Stausees. Das ehemals ländliche Vorfeld der Stadt war Industriegelände geworden, seine Lieblichkeit der Nützlichkeit gewichen; da mochte nun der Takt der Maschinen über der Stätte des Seilers der Herstellung von Waren verschiedener Art dienlicher sein als der Rhythmus des Meisters, dessen Gast ich damals gewesen bin und der dort irgendwo im Hin- und Widergang seine Schnüre gedreht hatte.

Bestürzt nahm ich die Veränderung wahr. Aber als hätte die Erscheinung der Gegenwart magische Kräfte über meine Seele, belebte sich das äußerlich verloschene Bild angesichts seines wirklichen Versenktwordenseins in die Vergangenheit immer deutlicher und satter an Farbe, Fülle und Sinn in mir, so daß ich plötzlich zu verstehen begann, was mir dazumal wunderbar und rätselhaft erschienen war.

Nun wurde mir klar, daß ich damals, als ich angesichts der für mich neuen Landschaft, die sich mir zeigte, nachdem der Zug in Pragerhof von seiner strikten Linie nach Süden abgewichen war im rechten Winkel nach Osten, das Gefühl gehabt hatte, mein Gemüt sei seiner Fracht ledig geworden und meine Sinne hätten sich geöffnet, nicht zu selbstvergessener Wahrnehmung der Oberfläche, sondern in eine tiefere Schicht meines eigenen Wesens durchgebrochen war, eine Schicht, nah dem wahren Lebenskontinuum, dem Generalbaß des Lebens, der unbeirrbar weiterschreitet viele Oktaven tiefer unter aller erdenklichen Hörbarkeit. So konnte das Unerhörte wahrgenommen – wenn auch nur in Ahnung –, das sinnlich Wahrnehmbare transparent werden – wenn auch nur für Augenblicke. Und nur so konnte ich nun, 44 Jahre später, meine damalige Pettauer Zeit einordnen in die Erzählung meines Lebens.

Ledig geworden war ich damals nicht etwa meines Schicksals, vielmehr hatte es sich meiner habhaft gemacht, indem ich plötzlich die Belanglosigkeit all des anekdotischen Materials jeder beliebigen Lebensgeschichte erkannte, also auch meiner, da sie nur eine erinnerbare und darum aufzählbare Aneinanderreihung von Zufälligkeiten darstellte, aus der sich bestenfalls für den spekulierenden Verstand ein Sinnzusammenhang ergab, indessen der „wirklich" reale nicht einmal von unseren Träumen erfaßt wird. Der Strom aber, der mächtig dahinzieht, unbekümmert darum, ob ich wache oder schlafe, verschmolz mir damals mit dem mir transparent gewordenen Bild der Drau.

Ich weiß noch, wie ich mich, ungeachtet der Schlackestückchen, die mir vom Rauchfang der Lokomotive her immer wieder in die Augen flogen, aus dem Coupéfenster gebeugt hatte, als der Zug entschieden eingebogen war auf die Brücke der Drau zu, und mit einem Schlag dessen inneward: Das ist mein Strom. Und sollte ich mich täuschen, wenn ich heute meine, daß all diese „Erscheinungen", „Ahnungen", letztlich eben doch: Bewußtwerdungen nur aus ihrem Zusammenhang mit dem Sterben meiner Mutter heraus „verständlich" werden? Wäre ich dabei in ihrer Nähe gewesen, hätten mir die harten Umrisse der äußeren Tatsachen den Blick auf das Wesentliche des Geschehens verstellt. Darum – so ergab es sich mir jetzt erst – mußte ich damals wegfahren, fort von der äußeren Szene des Dramas – und lange habe ich mich ob dieser meiner „Flucht" geschämt (und schäme mich ihrer trotz dieser Erkenntnisse weiterhin auch nicht weniger) –, fort von der äußeren Anschaubarkeit dieses Zu-Tode-Kommens des Menschen, den ich am tiefsten liebte, um der inneren Präsenz fähig zu sein, deren erster Aufruf noch durch die Stimmen des Ungewissen erfolgt war, dazumal in jener Nacht der „Ahnung des Todes".

So war ich nun angekommen Ende Juli 1944 in Pettau, sah zum erstenmal am jenseitigen Ufer des großen, breiten, schönen Stromes den Berg aufsteigen, über dessen nach Südosten vorgewölbten Fuß die Häuser sich emporziehen bis zu dem ersten Plateau mit dem mächtigen, frei vor der Kirche stehenden Glockenturm, darüber die Bastei mit den Kastanienbäumen und auf der Höhe das Schloß, erfuhr die Gastfreundschaft einer Familie, die in nahezu biblischer Barmherzigkeit den fremden jungen, schmalen Menschen aus der fernen Stadt Graz aufnahm wie einen verlorenen Sohn, dem der in ihrem einfachen Hause lebende etwa sechsjährige bald nicht weniger Zuneigung schenkte als einem echten älteren Bruder.

Ich war in ein kleines Zimmer im ersten Stock geführt worden, in dem es nach sonnengebleichter Wäsche und nach Rosen aus dem Garten geduftet hatte: Bett, Tisch und Stuhl, ein Flickenteppich, das war die Einrichtung gewesen, und auf dem Hocker neben dem Bett war eine Bibel gelegen. Durchs offene Fenster habe ich den Wald gesehen, in ehrfurchtsvollem Abstand weit voneinander entfernt stehende uralte und vielverzweigte Weiden, den großen Auwald, der sich, wie der Knabe mir gesagt hat, bis nach Friedau hinziehe und noch weiter bis nach Ungarn hinüber und voll von Rehen und Feldhasen sei.

Dieses Zimmer war gleichsam die klösterliche Zelle für mein nach innen gewandtes Leben in jenen Tagen. Das Haus, in dem dieses Zimmer sich befand, war durchlebt von ruhigem Fleiß und von der fröhlichen Frömmigkeit seiner Eigentümer; war es auch im Stil unserer Zeit erbaut, schloß der Stil ihrer

Lebensführung doch an das damals noch ausschließlich „mittelalterliche“ Stadtbild an.

Ich habe mich in dem Zimmer wie in dem Haus sogleich geborgen gefühlt. Ich war mir selbst überlassen, wie ich es freier mir nicht hätte wünschen können, wurde aber ganz in die Familie einbezogen, wenn ich Verlangen danach hatte.

Die Stadt, an deren äußerstem Rand das Haus sich befunden hat, war mir lieb und wie schon seit langem vertraut, jedes Gebäude darin geprägt von einer Vergangenheit, wie sie mir durch meine Kindheitswege durch Graz wohlbekannt war. Sie bereitete mir aber gleich bei meinem ersten Gang durch ihre steigenden und fallenden, gebogenen und gewundenen Gassen eine Überraschung:

Ich war stehengeblieben wie festgebannt. Vor mir ragte eine frei stehende Steintafel auf, ein übermannsgroßer Römerstein. Das Relief darauf zeigt Orpheus, den ersten der Sänger, und wie er die Tiere des Waldes bezaubert mit seinem Gesang und seinem Spiel auf der Leier. Es hat mir einen Stich durch das Herz gegeben, wie ich in mir sein Gefühl aufkommen spürte, da Eurydike ihm genommen worden war. Ich stand diesem Stein gegenüber und wäre selbst zum Stein geworden, hätte nicht eine Kinderhand sich in meine Hand geschoben und der Sohn des Seilers mich gefragt: „Wollen wir nicht den Vater abholen aus dem Geschäft?“

So habe ich es denn miterlebt, wie der Seilermeister Punkt zwölf Uhr mittag erst die Bretterwand, die neben dem Eingang zu seinem winzigen Laden in der unteren Hauptstraße an der Hausmauer gelehnt hatte, vor diese Öffnung gestellt und dann den großen

Holzriegel in die in Brusthöhe links und rechts neben ihr in die Hauswand eingelassenen, nach oben gewinkelten Eisenhaken gelegt hat: und mehr des Verschließens bedurfte es nicht. Dort, in dem türlosen, fast einrichtungslosen Raum, verkaufte der Meister jeden Vormittag die Ware, die er jeweils am Nachmittag zuvor angefertigt hatte.

So manches Mal habe ich ihm bei dieser seiner Arbeit zugesehen, wenn er mit seinem Gesellen, einem noch jungen, stummen Mann, auf der Seilerstätte nah dem großen Strom und vor dem uralten Bild von Brücke, Stadt und Burg seine Seile schlug. In seinem Pendelgang war etwas Anmutig-Heiteres, Zeitloses, als hätte die Uhr dazu ihr Ziffernblatt verloren und atmete nur noch das Leben selbst in allem weiter ohne Ende. Ewige Wiederkehr des Gleichen teilte Zeitlosigkeit in den Rhythmus unendlichen Atmens: Sein Arbeitsschritt entsprach dem epischen Hexameter Homers.

Bisweilen durchstreifte ich das Umland, sah Dörfer, deren Häuser fast nur aus Strohdächern bestanden, so weit zur Erde reichten diese hinab; wie Feldhasen in ihren Ackerfurchen hockten sie da. Und die Tagelöhnerinnen auf den Feldern sangen Lieder, die in ihrer Mehrstimmigkeit voll Trauer waren.

Am häufigsten zog es mich aber in die weite, namenlose, herrlich blühende, menschenleere Wildnis der Auwälder.

Wie hätte ich an jenem Tag damals wissen können, dachte ich, da ich nun, 44 Jahre später, auf den leeren, großen, mir blind erscheinenden Spiegel des aufgestauten Gewässers hinunterblickte, der sich weit über die alten natürlichen Ufer der Drau hinaus ausdehnt, daß es der letzte Tag meines Aufenthaltes in Pettau sein würde, als ich mich hatte von der Hitze des Sommernachmittags verlocken lassen – trotz aller Warnungen vor seinen reißenden Strömungen und Wirbeln –, in diesem Strom ein Bad zu nehmen? Ich war ein recht sicherer Schwimmer – warum hätte ich mich nicht trauen sollen? Ich verbarg meine Kleider unter einem der Margeritenbüsche und ging in den Fluß hinein, da hatte das Wasser mich schon gefangen, riß mich weg, zog mich fort – es war zum Aufjubeln herrlich, wie schnell es mich trug, ich hatte keine Angst. Ich genoß nur das Gefühl einer ungeahnten Freiheit, bis mir einfiel, daß ich ja irgendwann den Weg zu meinen Kleidern zurücklaufen müsse. Da erst sah ich mich um. Ich lenkte auf eine Kiesbank zu, die nah an meinem Ufer lag, konnte dort auch an Land kommen, hätte aber fast den schmalen Übergang zum Ufer nicht bewältigt, so reißend schoß das Wasser zwischen ihm und meiner Insel durch, so tief, daß ich fast ertrunken wäre. Ich schürfte mir Knie und Unterarme auf, gelangte aber immerhin auf mein Gelände. Bald war ich wieder zu Atem gekommen. Und wie neu geboren lief ich und lief durch den lichten Wald flußaufwärts – selig vor Lebenslust – zu dem Blumenort zurück, schon ein anderer geworden als der, der ich eine halbe Stunde zuvor gewesen war, da ich mich dem Strom anvertraut hatte.

Als ich am Abend heimgekommen war, überreichte mir der Seilermeister das Telegramm aus Graz. Die Mutter war am selben Tag während der Operation gestorben.

18

Es gibt keine Reifung ohne Verwandlung, und es gibt keine Verwandlung ohne den Schritt über die Schwelle, vor der das sich Ablösende nochmals sich geltend macht als Kostbarkeit, die unwiederbringlich verlorengehen muß, wendet man den Blick. Allem Abschied eignet die orphische Wendung.

Die Mutter schwand meinen Blicken, mit ihr entzog sich mir auch meine Kindschaft: *Ihr* Kind ja war ich gewesen ganz und gar und bis zum letzten Hauch ihres Atems.

Die Schwelle war überschritten worden wie von der Mutter so auch vom Sohn.

Das Geschehen aber hatte sich in so geheimnisvoller Tiefe vollzogen, daß es zehn Jahre intensivsten Lebens und des Überschreitens der nächsten Schwelle bedurft hatte, ehe ich es unmittelbar vor meiner Übersiedlung nach Norddeutschland niederzuschreiben vermochte – nicht als Bericht und nicht als autobiographische Erzählung, sondern als Parabel, denn nur im Märchen läßt sich ein Erlebnis vermitteln, bei dem Zauber und Wesenhaftigkeit eins sind.

Mag sein, daß um dieselbe Zeit, als ich das Bild des Auwaldes an der Drau aus meiner Erinnerung hob und im Zusammenhang mit dem Gleichnis für meinen Schwellenübertritt an meinem letzten Nachmittag in Pettau im August 1944 verklärte, schon der Staudamm errichtet worden war, der den Schauplatz durchaus verwandelte, so daß heute dort nur totes Wasser ist, wo damals der Fluß wie eben von Gott geschaffen in Freiheit mit seinen schönen Ufern gespielt hat.

Und als ich im Sommer 1988 nach dem Tag in Ptuj nach Jennersdorf zurückgekommen war, bin ich an den Schrank gegangen und habe wieder das Buch herausgenommen, in dem auch der Traum geschrieben steht, den ich in jungen Jahren geträumt hatte und mit dem ich diese Aufzeichnungen angefangen habe, und die Seite aufgeschlagen, auf der die wahre Geschichte von meinem Erlebnis in den alten Wäldern an der Drau am Tag vor meiner Abreise nach Graz als Erzählung eines alten Mannes beginnt:

Der gläserne Schlüssel

Als ich selbst noch ein Kind war, keine vierzehn Jahre alt, da siedelte sich in unserer Nachbarschaft ein Mann an, von dem keiner wußte, woher er wohl gekommen sein mochte. Er war alt, groß und immer allein. Meine Phantasie beschäftigte sich viel mit ihm, nie aber hätte ich es gewagt, ihn anzusprechen. Da ergab sich's aber eines Tages so, daß er vor mir auf der Straße herging – plötzlich klirrte etwas zu Boden –, er hatte etwas verloren. Ich hob den Gegenstand auf – es war ein Schlüssel aus Glas. Damit lief ich dem Alten nach, und er lud mich ein, mit ihm in sein kleines Haus zu kommen. Dort erzählte er mir folgende Geschichte:

Spiegelbilder auf klarem Wasser, ruhig ziehend, geschmolzen in den Schimmer der fließenden Fläche, so erschien mir an jenem Tag die Landschaft. Ich weiß nicht, war es die eigene Stimmung, die mir alles vor Augen so in ruhigem Flusse zeigte, oder war es doch die Atmosphäre dieses Hochsommertages selbst – jedenfalls, mein Gang war leicht und mein Herz seltsam bewegt: ich hätte aber nicht sagen können: bewegt zu Freude oder zu Trauer. Vielleicht war alles nur deshalb so, weil ich an diesem Tage Geburtstag hatte. Ja, ich war zwanzig Jahre alt geworden – und damals erschien mir das viel.

An jenem frühen Nachmittag schritt ich also zum Fluß hinunter. Mein Leben war stark in mir und füllte mich bis zum Rande auf, alles in mir zog mich zu der Fülle des Verfließens, zum großen, schimmernden Fluß, darin wollte ich das besondere Glück des Schwebens genießen, zu dem man nichts beizutragen hat, ja: ich war ja nun wohl zum Mann geworden, aber eigentlich wollte ich Kind sein. Und konnte ich nicht mehr recht Kind von Menschen sein, so sollte eben der Fluß mich und mein Schicksal auf seinen kristallenen Rücken nehmen, mich unter dem hohen Himmel, unter der schönen Sonne hinabtragen ins volle Ruhen, ins Meer. Damals träumte ich eben noch viel.

Wie ich nun so dahinging unter den silbrigen Blättern der uralten Weiden, trat plötzlich ein Knabe neben mich und schaute zu mir auf mit eigenem Lächeln. Zwar: gesehen hatte ich ihn nie zuvor, aber mir war, es hätte ihn sicherlich immer schon mir so nahe gegeben – deshalb wohl hatte er auch keinerlei Scheu vor mir und schritt schmal und fast tänzerisch neben mir her, immer wieder zu mir auflächelnd, als hätte er eine Überraschung für mich bereit.

Der Alte schaute nun eine Weile seiner Erinnerung zu. Dann sprach er weiter:

Plötzlich bog das Kind vom Wege ab, und ich folgte ihm gerne, denn es war so fein und schön: ein Glanz ging von ihm aus, der meine unbestimmte Erwartung noch steigerte. Nie zuvor war ich diesen Weg gegangen. Immer näher aber kam das gleichmäßige Rauschen des Stromes – hier, schien mir, war kaum noch ein Mensch vor uns gewesen –, alles war still und ganz bei sich selbst. Gerne hätte ich des Knaben Stimme gehört, er aber lächelte nur so vor sich hin und manchmal mir in die Augen, dabei schien er immer unwirklicher und leichter zu werden, und in mir wurde die hohe Gestimmtheit immer stärker, dieses Schwingen zwischen Trauer und Glück, das man kennen muß, um zu wissen, wie herrlich weh es dem Menschen tut. Vielleicht sind das jene Schmerzen, die entstehen, wenn das Wesen des Menschen einen neuen Jahresring ansetzt.

Ich kam mir so reich vor – die ganze Welt müsse mein sein, so war mir –, schwer von Gaben waren mir die Hände. Das war ein schönes Leben. Da konnte man gar nicht anders, als gut sein wollen, und aus diesem reinen Wunsch, der meinem Reichtum rund und fertig entsprang, legte ich dem Knaben die Hand auf sein lichtes Haar – aus Glück, aus Dankbarkeit, aus lauter guten Gründen. Das schien er gerne zu dulden, denn er lächelte abermals zu meinen Augen auf, dann aber schlug er plötzlich ein blühendes Gesträuch auseinander und ließ mich vortreten. – Unvermutet war der Weg vor mir zu Ende. Er verschwand in lauter fließendem Gewässer, und nicht begreifen konnte ich, daß zur einen Seite der Strom von mir weg ins Unabsehbare floß, zur anderen aber entgegengesetzt, ins Unabsehbare hinter mir – solch starke Gegenströmung hatte ich zuvor noch nirgends beobachtet. Der Knabe war indessen schmal und wendig um mich herumgeschlüpft, nun stand er dicht vor mir, zum Doppelstrom gewendet, und nun sang er ein Lied, das, obgleich den Worten nach ein Abschiedslied, nicht wehmütig, sondern von leichter Fröhlichkeit war, zierlich wie die Tritte der Vögel im feuchten Sand neben mir:

Sieh, hier geht das Land zu Ende,
sieh, hier lasse ich dich stehn.
Blick in deine offnen Hände,
üb dich, Leeres anzusehn.

Und indessen ich unwillkürlich meine Hände aufschlug und sah, daß sie leer waren – und kurz zuvor hatte ich noch das Gefühl gehabt, kaum halten könne ich die Fülle meiner Gaben –, indessen ich Schmerz darüber empfand, solch leere Hände haben zu müssen, glitt der Knabe schlank an mir vorbei, so daß er nun in meinem Rücken zum Stehen kam, wobei er weitersang:

Ich entzieh mich, ich entschwinde,
flink bin ich an dir vorbei:
deine Wege selber finde –
führ dich selber, sei nun frei.

Genius und Götter treten
scheu vor deinem Blick zurück:
sieh, wir halfen ungebeten,
nun entfalte dein Geschick.

Bei diesen Worten wurde mir alles Bild verdunkelt, so daß ich mit den Händen, mit den leeren, ins Leere tastete – aber der Knabe hinter mir lachte und sang weiter:

Blinder Mensch muß Licht entzünden,
um zu sehen, wo er geht,
niemand wird ihm mehr verkünden,
wo sein Wesen wirklich steht.

Schau dich um in Finsternissen,
wir entziehn uns deinem Blick –
altes Band ist abgerissen:
nun entfalte dein Geschick.

Und schon klang es entfernter:

Blick in deine offnen Hände,
üb dich, Leeres anzusehn:
sieh, hier geht das Land zu Ende –
sieh, hier lasse ich dich stehn.

Ratlos stand ich allein. Allmählich tauchte das alte Bild vor meinen Augen wieder auf – aber es war verwandelt. Alle Geister der Landschaft waren kurz zuvor noch anwesend gewesen – nun stand ich fremd zwischen kalt fließenden Wassern, die eben Wasser waren, sonst nichts, unter einem Himmel, der Luft war, sonst nichts – ja, mich selber, meinen Körper, meine Seele empfand ich fremd, außen und ohne rechte Beziehung zu mir. Wieder schlug ich die Hände auf, und sie waren leer, und als ich mich meiner Seele zuwandte, sie zu beschauen, war auch sie leer. Da fiel mein Blick auf die Strömung, die ihre Richtung nach zurück nahm: Was war das für ein schönes, schimmerndes Gewässer! Und nun sah ich auch Bilder darauf – den Knaben sah ich, der eben von mir

Abschied genommen hatte, die Mutter, Bilder der Kindheit tauchten allmählich wie glänzende Fische empor, große alte Städte sah ich darunter aufschweben –, die gewesenen Reiche der Erde, die alten Menschen vor uns, und nun, da ich mich hinabbeugte zu dem Zauberspiegel, da erblickte ich mich selber vor allen diesen Bildern mit einem erlöschenden Gesicht.

Ein Schauer überlief den Alten. Aber sogleich erzählte er weiter:

Ich richtete mich auf und wandte mich zur anderen Seite. Dort fehlten die Bilder, nicht einmal mein eigenes Spiegelbild fand sich, als ich mich auch über diesen Strom beugte. Die Leere flößte mir Furcht ein und Scheu, aber dies müßte das Wasser des Lebens sein, dachte ich, wenn das andere das des Todes ist. Und in dieses fremde, leere Gewässer wollte ich tauchen, in die Zeit meiner eigenen Entfaltung, in *die* Zeit, die mir nicht mehr die Hände füllen würde – in der ich alles selber zu tun haben sollte. Und gut wäre es, leere Hände zu haben: mit ihnen könnte man allein richtig zugreifen, und das ist schwerer als bloß geben, das wäre ein Tun von innen her, ein Geben aus dem Sein, nicht aus dem Haben. Ich will wach sein und nüchtern, nicht träumen aus dem Bilderstrom heraus, Unwirkliches stellen in eine Welt, die unwirklich genug ist: erkennen im Leben, im Wesen des Lebens, darauf allein käme es an. – Und als ich das dachte, da hörte ich ein zartes Klirren zu meinen Füßen – der leere Strom hatte mir einen Schlüssel an Land geworfen, einen wasserklaren gläsernen Schlüssel. Denn: die Schlösser, die uns das Wesen der Dinge und des Menschen, ja, das der Genien und Götter verwehren, sind zart. Da braucht es keines groben

Schlüssels – so war auch dieser nur als Zeichen zu werten, als welches ich ihn auch begriff und hütete bis zum heutigen Tag, da ich dir diese sonderliche Geschichte erzählt habe, über die du vielleicht lachen wirst.

Gelacht habe ich über diese Geschichte des alten Mannes nicht, ich habe sie aber auch nicht verstanden – damals bin ich ja noch ein Kind gewesen, keine 14 Jahre alt. Nun aber – und längst ist der Alte verstorben – scheint es mir, als hätte ich sie selber erlebt. Sonst, nicht wahr, hätte ich sie ja auch nicht wiedererzählen können.

19

Ich hielt das Papier in der Hand, und in meiner Seele stürzte lautlos die gesamte Einrichtung zusammen. Die Bilder fielen von den Wänden. Die Fenster schlugen sich auf in erblindete Landschaft.

Der Seilermeister brachte Wein, seine Frau nötigte mich zum Essen. Das gute Einverständnis der beiden mit meiner Verstummung half mir. Die blendende Stille in mir verlor ihre bannende Macht. Das Gespräch voll Erinnerung entfaltete mein Gehör, doch klang mir selbst die eigene Stimme von fernher. Später in meinem Zimmer lag ich stundenlang regungslos auf dem Rücken, wach und leer.

Am nächsten Morgen packten die beiden meine Sachen für mich. Um uns ein Gutes zu tun, legten sie sechzig Eier, Stück für Stück in Zeitungspapier gehüllt, in meinen Koffer; meine Wäsche hatten sie in ein Leintuch geschlagen und das Bündel verschnürt. Als ich meine Furcht äußerte, man werde die kostbare Fracht beschlagnahmen und mich wegen der Mitführung verbotener Ware vielleicht sogar festnehmen, meinten sie, ich würde schon durchkommen. Da ergab ich mich meinem Schicksal. Ich dankte für alle Wohltaten und verabschiedete mich von den Seilerleuten wie von nah Verwandten.

Im Zug legte ich den Koffer in das Gepäcknetz über meinem Sitzplatz und das Bündel daneben. Ich achtete nicht auf die Landschaft und wechselte mit den Ein- und Aussteigenden eher einen Blick als Gruß statt eines Wortes. Mir war, als hätte ich Wache zu halten über die Leere und über die Stille in mir, nichts davon dürfe verlorengehen. So war ich gefaßt und gesammelt und nicht erreichbar für die Welt außerhalb meiner selbst.

Zwischen Marburg und Spielfeld kam die Kontrolle durch den Zug. Schließlich stand sie vor mir in Gestalt eines vierschrötigen älteren Mannes.

„Was ist in dem Bündel?" fragte er mich.

„Meine Wäsche."

„Und im Koffer?"

„Sechzig Eier."

Der Kontrolleur stutzte einen Augenblick. Dann lachte er auf, und mit einer wegwerfenden Handbewegung bedeutete er mir, mich wieder auf meinen Platz zu setzen, von dem ich mich eben erhoben hatte, um den Koffer aus dem Gepäcksnetz herunterzuholen. Immer noch lachend schloß er die Tür des Abteils hinter sich und überließ mich wieder meiner Wachsamkeit nach innen hin.

In Graz ist, wie ich angekommen bin, alles leer gewesen. Die mit mir ausgestiegen waren, verloren sich auf dem weitläufigen Bahnhofsvorplatz.

Das Bündel in der Linken, den Koffer in der Rechten, ging ich durch die Keplerstraße zum Lendplatz hinunter wie bergauf gegen die schwere, stille Hitze des späten Mittags. Auf dem Lendplatz bin ich erst stehengeblieben. Ich habe mich umgesehen, und ich bin in der falschen Stadt gewesen. Niemals, so ist es mir vorgekommen, sei ich von hier abgereist.

Meine Füße fanden von selbst den Weg in das Haus Am Damm 4 und die drei Stockwerke hinauf. Da habe ich den Koffer und das Bündel niedergestellt und die Tür aufgeschlossen und die alte Wohnung betreten.

Und wie ich in das Zimmer hineingeschaut habe, da ist es drinnen dämmrig gewesen. Die Jalousien waren heruntergelassen, die Fensterflügel in den Sperrangeln eingerastet. Und wie sich meine Augen an das Dämmerlicht gewöhnt hatten, sahen sie das Bett der Mutter offen, wie sie es verlassen hatte, als sie das letztemal durch die Wohnung hinausgegangen war und nie mehr wiederkäme.

Und da hing mir der Spiegel entgegen an dem Stück Wand zwischen den beiden Fenstern, und ich habe die vertrockneten Zinnien in der Glasvase auf dem Schminktischchen unter ihm gesehen, und ich bin darauf zugegangen und habe die Vase samt den vertrockneten Zinnien mir mit voller Wucht in mein Spiegelgesicht geworfen und damit einen großen Lärm gemacht, so daß der alte Nachbar auf unserem Treppenabsatz sich aus der schulterbreit geöffneten Tür seiner Wohnung neugierig, besorgt und ängstlich zugleich herausgebeugt zeigte, als ich dann Bündel und Koffer hereinholte in die Küche. Ich hatte aber keine Stelle in meiner Seele frei, ihn zu grüßen, und bin wohl selber in Angst gewesen und Sorge, er könnte etwas von Beileid reden. Ich habe mich auf meinen Diwan hinter dem Küchentisch gelegt und bin sofort eingeschlafen.

Später ist mein Vater gekommen. Der großen Hitze wegen sei die Beerdigung schon für den nächsten Tag angesetzt.

Ich habe ihm den Koffer mitgegeben mit den sechzig Eiern aus Pettau.

„Wie hast du die bloß durch die Kontrolle im Zug gekriegt?“ hat er mich gefragt. Ich habe ihm darauf gesagt: „Ich weiß es nicht.“

Der nächste Mittag war noch heißer über der Stadt ausgebreitet, als der des Tags zuvor es schon gewesen war. Man ging unter ihm wie unter einem erhitzten Bleidach dahin. Und so haben mein Vater und ich nur mit schleppenden Schritten die Aufbahrungsräume rechts neben dem Kuppelbau der Zentralfriedhofskirche erreicht. Da haben wir aber nur fremde Tote angetroffen in ihren Särgen zwischen den Spardekorationen. Man hat uns gesagt, der Andrang sei so groß gewesen dieser Tage, daß man mit den Aufbahrungen nicht nachgekommen sei. Wir sollten doch einmal in den Särgen nachschauen, die in der Vorhalle stünden. So haben mein Vater und ich Deckel abgehoben und rasch wieder niedergelegt, bis wir sie gefunden haben. Die Mutter war nicht schöngemacht worden wie Leichen sonst. Der letzte Blick auf sie ist mir so aber lieber gewesen, denn ich habe sie in Erinnerung wie eine Schlafende. Da liegt sie – eine Wange in der hohlen Hand, die andre sanft umschattet von der kastanienbraunen Welle des Haars – wie es in Wirklichkeit doch wohl nicht hat sein können und für mich doch wirklicher ist als jede wahrscheinlichere Wirklichkeit.

Und so hat man sie ohne Aufbahrung hinausgetragen zu dem Grab mit dem großen grauen Stein, auf dem in gotischen Goldbuchstaben stand, es ruhe darin Herr Victor Stibill, Haus- und Realitätenbesitzer. Seinen goldenen Ring besaß nun ich.

Das Begräbnis ist kurz gewesen: Schlimm, wie die Augusthitze am frühen Nachmittag auf uns Bedrückte unter ungeheuer aufziehendem Gewitter niederstieß erbarmungslos auf Gehirn und Genick, uns zwei Verlassene und ein paar fremde alte Weiber, den Mann mit dem Kranz von der Firma, den in Zeitbedrängnissen die Exequien absolvierenden Geistlichen und – Tante Hilda. Sie war gerade noch eingetroffen, im letzten Augenblick – mit dem gleichen Zug wie ich am Tag zuvor, nur eben aus Studenitz oder besser Pöltschach (so hat ja die Station der Südbahn damals wieder geheißen).

Und Hilda ist es gewesen, die in meiner Wohnung dann, als ich nach einem schweren Nachmittag mit meinem Vater gegen Abend heimgekommen bin, drinnen im Zimmer auf dem Boden gesessen ist und die letzten Spiegelscherbensplitter aus den Fugen zwischen den quadratischen Parkettfußbodentafeln herausgegraben hat, so daß in der nach dem Gewitter noch einmal grell aufflammenden Sonne der Tagesneige Spiegelscherben-Irrlichter durch das Zimmer und mir um die Ohren geflogen sind, winzige Lichtnadeln und Lichtpunkte (und mir war ohnedies schon schwindlig genug). Hilda hatte auch das Bett der Mutter zugedeckt und die groben Scherben alle schon weggeräumt gehabt.

„Hilda", habe ich zu ihr gesagt, „ritz dir die Finger nicht auf, laß mich das doch selber wegräumen."

„Du hast ja schon die Arbeit mit der Vergangenheit gehabt", hat sie gesagt und wieder weggeschaut von mir.

„Dafür habe ich jetzt auch geredet", habe ich gesagt, „ich habe den Vater gefragt, warum er die Mutter nicht geheiratet hat."

„Und er hat dir keine Antwort gegeben?"

„Er ist erst lange still gewesen."

„Und dann?"

„Und dann hat er leise gesagt: Wo man nichts versteht, sollte man nicht verurteilen."

„Er ist der Olga gegenüber im Wort geblieben und wird es bleiben bis zum Ende. Geliebt hat er nur deine Mutter", sagte Hilda.

„Und die anderen Frauen?" fragte ich bitter.

„Die sind schon auch wichtig gewesen für ihn, aber nicht von Bedeutung." Und als ich daraufhin schluckte, sagte sie noch: „Wart's ab."

Was aber, hat sie nicht gesagt.

Am nächsten Tag habe ich Hilda zur Bahn gebracht; sie hat zu Fritz zurückfahren müssen und zum lieben kleinen Sohn. Zu Hause habe ich dann einen amtlichen Brief vorgefunden mit einer Einberufung zum studentischen Ausgleichsdienst; ich sollte ihn bis zum Beginn des Wintersemesters in einer Berliner Rüstungsfabrik ableisten: Sieg Heil und Heil Hitler, der NS-Studentenbund als Absender (oder wie immer er sich genannt hat).

Da bin ich auf den Friedhof gegangen und habe mir alles überlegt. Und wie dann mein Vater auch zum frischen Grab gekommen ist, habe ich ihm gesagt, ich könne dieser Einberufung nicht folgen, ich müsse für mich sein dürfen in den nächsten Wochen und erst fertigwerden mit allem. Da hat er gesagt: „Geh doch hin und sprich den Mann an im Dekanat, grüß ihn von mir, er soll etwas anderes für dich finden; da hast du zweihundert Mark, vielleicht muß er Unkosten auf sich nehmen."

Nun, er hat keineswegs irgend etwas nehmen wollen. Gott sei Dank waren er und ich bei der Szene, die sich nun abspielte, allein. Ganz rot ist er geworden im Gesicht: „Das ist ein Bestechungsversuch!" hat er geschrien, „wissen Sie, was Ihnen passiert, wenn ich Meldung erstatte?" – Ich war ratlos, schämte mich meiner Plumpheit und versuchte zu erklären. Da beruhigte er sich und sagte: „Sie sind *nie* bei mir gewesen. Aber wenn ich nicht Ihren Herrn Vater als Lehrer schätzen gelernt hätte, wären Sie nicht so davongekommen!" – Und er verschwand im Nebenzimmer. So habe ich nachher meinem Vater doch noch danken dürfen für seine Hilfe. Zum Lachen, wie sich die Dinge manchmal wenden.

Im Studentenhaus war wegen der Semesterferien nur der Studentenführer selbst anzutreffen. Zu ihm hätte ich gleich gehen sollen. Ich sagte ihm, meine Mutter sei gestorben, ich könne der Einberufung nach Berlin noch nicht folgen. In einem Rüstungsbetrieb sei ich schon lang genug gewesen. Ob sich nichts anderes finden ließe. – Er hörte mich ruhig an, blätterte dabei in meinem Studienbuch und fragte mich plötzlich: „Volkskunde studieren Sie auch?" – „Ja." – „Dann melden Sie sich doch umgehend bei Herrn Dr. Klusemann in der Neutorgasse. Er hat zusammen mit seiner Frau und einem Herrn in Villach den Auftrag vom Amt Rosenberg, die ältesten Bauernhäuser in Kärnten und Osttirol aufzunehmen, und ist gerade um eine fachkundige Hilfskraft bei mir eingekommen." – Er zerriß meinen ersten Einberufungsbescheid und tippte eigenhändig den neuen Text auf ein Formular, stempelte es und übergab es mir. Von Dank wollte er nichts wissen.

So war ich im Spätsommer 1944 zum wissenschaftlichen Hilfsarbeiter im Rahmen einer Expedition zur Erfassung wertvoller alter Bauernhäuser ernannt worden und kraft der Vollmacht des Amtes Rosenberg berechtigt, dortselbst im vorgenannten geographischen Raum Vermessungen vorzunehmen, um Material sicherzustellen, das als Vorlage dienen sollte, wenn die „Ostmark" nach dem „Endsieg" schöner denn je wieder aufgebaut werden würde, ein einziger Rosengarten.

Die Wege erinnernd, die ich damals herbstens gegangen bin, sehe ich sie anders vor mir, als je ein andrer sie gesehen haben könnte, ja als ich selber sie in Wirklichkeit gesehen zu haben glaube: Solch fernsüchtige Schotterstraßen, saumselige Talwege, steinkantige Gebirgssteige, fußschmal dahinschnürende Saumpfade gibt es nur in Träumen.

Die Gefährten – der Doktor aus Gaz und seine Frau, der pensionierte Hauptschuldirektor aus Villach –, alle drei viel älter als ich, hielten sich im Gespräch mehr aneinander; so durfte ich, was zu dürfen ich mir gewünscht hatte, mit eigenen Gedanken befaßt sein, des Sommers ernste Ernte langsam einbringen und meiner Seele neue Einrichtung in Angriff nehmen, zögernd, doch zaghaft nicht, da mir die äußeren Bilder halfen, urbildnah, wie sie es waren, ob als Gebirg, als Wald, als Dorf, als letztes Gehöft, als einzelne Menschen mit sehr viel Raum zwischen einander und nicht weniger Zeit zwischen meinen Begegnungen mit ihnen und den Stufungen des Bewußtseins ihres jeweiligen Welterlebens.

Die äußeren Bilder der Landschaft erschienen damals wohl zum letztenmal unverstellt, wie sie sich bis dahin jahrhundertelang erhalten hatten, so daß, was ich zu sehen bekam, mir heute rückversetzt vorkommt in Stiftersche Nachsommertage; und so auch traten die Menschen aus ihren hölzernen Häusern oder aus Wäldern heraus, die Frauen, die Greise, die Knaben, die Mädchen.

Und in diesem Land zur Zeit seiner traumhaftesten Eigentümlichkeit kam es während meiner Fußwanderung zu den ganz nur mir zuzuordnenden, ganz nur mich meinenden Begegnungen jenseits des Kindheitsstromes: Und aus den Wäldern und aus den Türen in Häusern und Hecken traten Menschen zu mir heraus, um mich zu treffen, wie ich da auf anonymen Befehl von für mich anonymer Seite namenlos genug unterwegs war, sie zu treffen, auf daß aus lauter Namenlosem Freundschaft unter uns entstünde und jeden von uns mit Freude erfüllte und Zuversicht über die rätselhafte Zeitgrenze hinaus, die für uns aufzog wie eine Gewitterwand, hinter der endlich ein neuer Sonnentag uns erwarten würde.